Christoph Becker

Handbuch der Sportmethodik

Band 2

Individualsportarten

Übungen und Unterrichtshinweise
für Gerätturnen, Leichtathletik,
Schwimmen und Konditionstraining

Mit Kopiervorlagen

Gedruckt auf umweltbewusst gefertigtem, chlorfrei gebleichtem
und alterungsbeständigem Papier.

1. Auflage 2010
Nach den seit 2006 amtlich gültigen Regelungen der Rechtschreibung
© by Brigg Pädagogik Verlag GmbH, Augsburg
Alle Rechte vorbehalten.
Das Werk und seine Teile sind urheberrechtlich geschützt. Jede Nutzung in anderen als den gesetzlich zugelassenen Fällen bedarf der vorherigen schriftlichen Einwilligung des Verlages. Hinweis zu § 52 a UrhG: Weder das Werk noch seine Teile dürfen ohne eine solche Einwilligung eingescannt und in ein Netzwerk eingestellt werden. Dies gilt auch für Intranets von Schulen und sonstigen Bildungseinrichtungen.

ISBN 978-3-87101-**623**-3   www.brigg-paedagogik.de

Inhalt

Einführung 6

1 Praxisteil

1.1 Aufbau und Anforderungen: Aufgaben des Lehrers 7
1.2 Individualsportarten und Konditionstraining 7
1.3 Methodisch-organisatorisches Anforderungsprofil (MOA) 8
1.4 Basismethoden der einzelnen Sportarten 9

2 Bemerkungen zum Unterrichten von Gerätturnen, Leichtathletik, Schwimmen und Konditionstraining

2.1 Regelmodifikationen im Sportunterricht 11
2.2 Wichtige Hinweise 11
2.2.1 Zusätzliche wichtige Hinweise für die Lehrkraft (speziell Band II) 11
2.2.2 Wichtige Hinweise für Schüler 12
2.3 Sicherheitsmaßnahmen 12
2.3.1 Sicherheitsmaßnahmen im Gerätturnen 12
2.3.2 Sicherheitsmaßnahmen in der Leichtathletik 13
2.3.3 Sicherheitsmaßnahmen im Schwimmen 14
2.4 Wichtige Helfergriffe und Hilfestellungen im Gerätturnen 14

3 Gerätturnen

3.1 Einführung 16
3.1.1 **Balken (Schwebebalken)** 18
  – Drehung (halbe einbeinig) (Schülerinnen) 18
  – Einspringen in Hockstand (Schülerinnen) 20
  – Pferdchensprung (Schülerinnen) 22
  – Standwaage (Schüler und Schülerinnen) (vgl. Boden) 24
  – Strecksprung (am Ort – mit einfachem oder ohne Beinwechsel) (Schülerinnen) 26

3.1.2 **Barren** 28
  – Drehhocke (Kreishocke) 28
  – Kehre 30
  – Kippaufschwung in Grätschsitz (aus Strecksturzhang) 32
  – Oberarmkippe 34
  – Oberarmrolle vorwärts aus Grätschsitz in Grätschsitz 36
  – Oberarmstand (aus dem Schwingen) – Abrollen in Grätschsitz 38
  – Schwingen 40
  – Schwingen in Oberarmstand, Abrollen in Oberarmhang (Oberarmstütz) 42
  – Stemmaufschwung vorwärts aus Oberarmhang in Grätschsitz 44
  – Stemmaufschwung aus Oberarmhang rückwärts 46
  – Wende (hohe) in Außenquerstand 48

3.1.3 **Boden** 50
  – Felgrolle 50
  – Flugrolle 52
  – Handstand 54

- Handstützüberschlag vorwärts 56
- Kopfstand 58
- Kopfstützüberschlag 60
- Rad 62
- Radwende 64
- Rolle rückwärts 66
- Rolle vorwärts 68

3.1.4 Reck 70
- Felgunterschwung aus Schrittstellung in Stand 70
- Felgunterschwung aus Stütz in Stand 72
- Felgunterschwung aus Stütz mit halber Drehung in Stand 74
- Hocke 76
- Hüftaufschwung aus Stand (mit Schwungbeineinsatz) 78
- Hüftaufschwung aus Stand (ohne Schwungbeineinsatz) 80
- Hüftumschwung vorlings rückwärts 82
- Hüftumschwung vorlings vorwärts 84
- Kippaufschwung als Laufkippe 86
- Kippaufschwung als Schwebekippe 88
- Mühlaufschwung vorwärts (Schülerinnen und Schüler) 90
- Mühlumschwung rückwärts (Schülerinnen und Schüler) 92

3.1.5 Sprungpferd/Kasten (längs/quer) 94
- Grätsche (Sprungpferd/Kasten längs) 94
- Handstützüberschlag (Sprungpferd/Kasten quer) 96
- Sprunghocke (Sprungpferd/Kasten längs) 98
- Sprunghocke (Sprungpferd/Kasten quer) 100

3.1.6 Stufenbarren (Schülerinnen) 102
- Aufstemmen beidbeinig (Schülerinnen und Schüler) 102
- Durchhocken eines Beines aus Rückschwung (Schülerinnen und Schüler) 104

4 Leichtathletik
106

4.1 Einführung 106
4.1.1 Laufen 108
- Start aus dem Startblock 108
- Sprint (100 m, 200 m, 400 m) 110
- Mittel- und Langstreckenlauf (800 m, 1000 m, 1500 m, 3000 m) 112
- Staffellauf 114

4.1.2 Springen 116
- Hochsprung (Fosbury Flop) 116
- Weitsprung (Hangsprungtechnik) 118

4.1.3 Werfen und Stoßen 120
- Ballweitwurf 120
- Kugelstoß 122
- Speerwurf 124

5 Schwimmen
127

5.1 Einführung 127
5.1.1 Schwimmstilarten 128
- Brustschwimmen (Armzug und Atmung) 128
- Brustschwimmen (Beinschlag) 130
- Brustschwimmen (Gesamtbewegung) 132
- Kraulschwimmen (Armzug und Atmung) 134

- Kraulschwimmen (Beinschlag) 136
- Kraulschwimmen (Gesamtbewegung) 138
- Rückenschwimmen Kraul (Armzug) 140
- Rückenschwimmen Kraul (Beinschlag) 142
- Rückenschwimmen Kraul (Gesamtbewegung) 144

5.1.2 Start- und Wendetechniken (eine Auswahl) 146
- Startsprung-Hochstart (Brust-, Kraulschwimmen) 146
- Rückenstart (Rückenschwimmen) 148
- Wende (hohe) 150

6 Konditionstraining
153

6.1 Einführung 153
6.1.1 Training der physischen Leistungsfaktoren 154
- Allgemeine Ausdauer (auf Sportplatz) 154
- Allgemeine Ausdauer (in Halle) 156
- Allgemeine Beweglichkeit (auf Sportplatz) 158
- Allgemeine Beweglichkeit (in Halle) 160
- Allgemeine Koordination (auf Sportplatz) 162
- Allgemeine Koordination (in Halle) 164
- Allgemeine Kraft (auf Sportplatz) 166
- Allgemeine Kraft (in Halle) 168
- Allgemeine Schnelligkeit (auf Sportplatz) 170
- Allgemeine Schnelligkeit (in Halle) 172

6.1.2 Circuittraining 174
- Circuittraining (auf Sportplatz) 174
- Circuittraining (in Halle) 176

7 Literatur
178

7.1 Spezialliteratur Gerätturnen 178
7.2 Spezialliteratur Leichtathletik 178
7.3 Spezialliteratur Schwimmen 178
7.4 Spezialliteratur Kondition 178

Einführung

Nach den Ballsportarten in Band I werden nun in Band II die gängigen Individualsportarten des Sportunterrichts behandelt: Gerätturnen, Leichtathletik und Schwimmen. Als Ergänzung ist diesen drei Sportarten noch eine Übersicht über das Konditionstraining angehängt, da die Verbesserung der Kondition die sportliche Leistung neben anderen, z. B. psychischen Faktoren, am stärksten beeinflusst.
Die Struktur dieses Bandes folgt der des Bandes I:
Doppelseiten zur Erarbeitung einzelner Bewegungsfertigkeiten mit einfachen Skizzen und eine Bebilderung mit Zeichnungen, welche die wichtigsten Bewegungsmerkmale klar erkennen lassen. Wie Band I enthält auch Band II eine kurze, erläuternde Einführung zum Praxisteil mit den Teilen:

1. Aufbau und Anforderungen; Aufgaben des Lehrers
2. Individualsportarten und Konditionstraining
3. Methodisch-organisatorisches Anforderungsprofil (MOA)
4. Basismethoden einzelner Sportarten

An diese vier Punkte sind noch wichtige Hinweise für Lehrer und Schüler sowie diverse Sicherheitsmaßnahmen angehängt, die den Schülern ebenfalls ausgeteilt werden können und sollen!
Im Sinne der Flexibilität und der sportartübergreifenden Erfahrung für Schüler ist es immer sinnvoll, z. B. bei Aufwärmeinheiten Elemente anderer Sportarten mit einfließen zu lassen. Rollen vor- und rückwärts beim Einlaufen in der Leichtathletik wären nur ein Beispiel. Bewegungserfahrung bei jeder Gelegenheit im Sportunterricht zu nutzen ist als primäres Ziel anzusehen!
Wie im Theorieteil in Band I beschrieben, ist ein weiteres Primärziel, die Schüler auf ein zunächst gemeinsames Niveau der Grobform aller Bewegungsfertigkeiten zu bringen. Die Beherrschung der Grobform ist die Grundlage für jedes weitere Üben, welches dann durch die Feinform entweder in einer gleichen Unterrichtseinheit oder aber in späteren Jahren ausgebaut werden kann.

1 Praxisteil

1.1 Aufbau und Anforderungen: Aufgaben des Lehrers

Im Folgenden wird zunächst für die drei Individualsportarten Gerätturnen, Leichtathletik und Schwimmen mit ihren spezifischen Fertigkeiten je ein *effektiver* methodischer Weg vorgestellt. Der Übersichtlichkeit halber werden alle Fertigkeiten mit einem identischen, methodisch-organisatorischen Anforderungsprofil versehen, sodass sich auf diese Weise ein Stereotyp im Aneignen von methodischen Wegen einschleifen kann!

Zur Frage, welche Inhalte bzw. Fertigkeiten vorausgesetzt werden können, lässt sich sagen, dass an *weiterführenden* Schulen eine gewisse Bewegungserfahrung aus der Grundschule erwartet werden darf, ja muss! Es muss auf bestimmte Fertigkeiten aufgebaut werden können, ohne diese zeitraubend erarbeiten oder wiederholen zu müssen. Es sollte nicht sein, dass z.B. beim Turnelement „Rolle vorwärts" auf Basisbewegungen des Vorschulalters, hier etwa „Purzelbaum als Spielelement", zurückgegriffen werden muss. Wenn dem leider so ist, muss der Lehrer eben die Rolle vorwärts häufiger üben lassen als geplant – man soll ja bekanntlich die Schüler dort abholen, wo sie sind.

Da Kondition die Voraussetzung jeglichen Sporttreibens ist, werden auch für die physischen Leistungsfaktoren Ausdauer, Kraft, Schnelligkeit, Beweglichkeit und Koordination Übungen vorgeschlagen, die keinen großen Aufwand an Material usw. bedeuten. Die Doppelseiten hierzu sind in leicht abgewandelter Form dargestellt, können jedoch ebenso wie die Doppelseiten der anderen Sportarten in den Unterricht eingebaut werden!

Die Doppelseiten der Bände I-III können optimal zur Gruppenarbeit genutzt werden. Die kopierten Doppelseiten sollten den Schülern eine Woche vor dem Sportunterricht oder im Sportunterricht für die nächste Stunde zum „Lernen" oder „Aneignen" ausgehändigt werden. Der Sportunterricht sollte somit für den Sportlehrer dahingehend einfacher werden, dass er sich wesentlich besser und intensiver um Korrekturen kümmern kann.

Zusammengefasst bestehen die Aufgaben des Lehrers im Folgenden:
- Beim erstmaligen Arbeiten mit diesem Handbuch den Schülern das Schema der Vermittlungsmethodik (siehe Kap. 1.3) zu erklären (besonders **wichtig für Schüler: KK, MH, BB, OR**).
- Doppelseiten einer Bewegungsfertigkeit zu kopieren und etwa eine Woche vor der Sportstunde auszuteilen, damit die Schüler sich damit vertraut machen können. In der Sportstunde sollen sie dann relativ selbstständig in Gruppen arbeiten können, die Doppelseiten dienen dabei als Plan zur Durchführung der Stunde.
- Außerdem kopiert der Lehrer von jeder Individualsportart den Punkt „Einführung" mit den Inhalten: aus der Geschichte, Strukturbild, Regelkunde (Letzteres sofern nötig) und beim Gerätturnen noch die Hauptgriffarten sowie die Körperachsen. Dieses knapp gefasste Angebot an Theorie und Hintergrundinformationen kann den Sport auch als Kulturgut abrunden.
- Der Lehrer sollte während der Sportstunde helfen, zeitliche und organisatorische Aspekte zu modifizieren. Er sollte kontrollieren, welche Fortschritte erzielt werden, um mitzuentscheiden, ob weiter geübt werden muss oder zur nächsten Übung übergegangen werden kann. Er hilft bei Korrekturen, zeigt gravierende Fehler auf, macht Schüler mit Helfergriffen und Hilfestellungen vertraut (vor allem wichtig in Kapitel 2.4).
- Selbstverständlich hilft der Lehrer bei allgemeinen und speziellen Verständnisschwierigkeiten (auch bei der Umsetzung der Doppelseiten), falls diese auftreten.

Zu weiteren Aufgaben des Lehrers unbedingt Kapitel 2.2.1 beachten!

1.2 Individualsportarten und Konditionstraining

Die Mannschaftsspielsportarten nehmen im Sportunterricht nach wie vor eine dominante Rolle ein. Das hat auch mit der Vermarktung aller (vor allem Basketball, Fußball sowie Handball) wichtigen Sportereignisse zu tun. Die Individualsportarten hinken dem Trend der großen Ballspiele oft hinterher. Die Leistungsanforderungen sind hier für viele Schüler oft mühsamer zu erbringen. Vielen Schülern fehlen auch die entsprechenden Voraussetzungen. Daher soll in diesem Band dem Konditionstraining für den Sportunterricht ein Extrakapitel gewidmet werden. Das ist in erster Linie damit zu begründen, dass eine Grundkondition für alle sportlichen Betätigungen unerlässlich ist (vgl. Kap. 8, Band I). Außerdem ist festzustellen, dass immer mehr Schüler über immer weniger Kondition, d. h. über weniger „Voraussetzungen/Bedingungen" in den Bereichen Ausdauer, Kraft, Schnelligkeit Beweglichkeit sowie koordinative Fähigkeiten verfügen. Auch aus gesundheitlichen Erwägungen ist eine Förderung dieser Grundvoraussetzungen unbedingt zu berücksichtigen. Hierbei müssen gute und herausragende Leistungen honoriert, schlechte entsprechend geahndet werden (vor allem solche, die das Ergebnis von Verweigerungs- und „Null-Bockhaltungen" sind). Von dieser Forderung ausgehend, soll gezeigt werden, welche einfachen Möglichkeiten für den Sportlehrer bestehen, die physischen Leistungsfaktoren Ausdauer, Kraft, Schnelligkeit, Beweglichkeit sowie koordinative Fähigkeiten auf einem bestimmten Level einzufordern! Nicht zuletzt dient vor allem das Konditionstraining im Sportunterricht in besonderer Weise der Willensschulung. Die Schüler erfahren auf noch sehr niedrigem Niveau, was es heißt, „bis an ihre Grenzen zu gehen".

Für alle Sportarten werden Strukturbilder erstellt, die speziell auf die Anforderungen des Sportunterrichts bzw. für die im jeweiligen Band bestehenden Teilaspekte abzielen. Die angefügte Regelkunde soll nur die wichtigsten Regeln, entsprechend knapp und in modifizierter Form für den Sportunterricht berücksichtigen.

Auswahlkriterien der Bewegungsfertigkeiten

Die Auswahl der im Praxisteil dargestellten Fertigkeiten ist zunächst an die Anforderungen der Lehrpläne angelehnt. Nach der Durchsicht wurden allerdings sämtliche Fertigkeiten, die in der Praxis für den Sportunterricht als zu realitätsfern oder zu speziell (eher für Vereinssport geeignet) erscheinen, gestrichen. Vielleicht wird man noch die eine oder andere Fertigkeit vermissen. Ebenso werden manchem die mitverarbeiteten Fertigkeiten eher nicht sportunterrichtsrelevant erscheinen. Dennoch sollte diese Auswahl den Anforderungen genügen.

Im Sportunterricht kommt es nicht auf die Spezialisierung an (auch nicht beim Sportlehrer), sondern auf die Darstellung und Vermittlung sowie auf Schülerseite auf die vielfältige und breitgefächerte Aneignung von Fertigkeiten. Die Vertiefung und Spezialisierung ist Aufgabe des freiwilligen Schulsports (z. B. Jugend trainiert für Olympia) und des in den Vereinen angebotenen Trainings im Sinne der Wettkampfvorbereitung.

1.3 Methodisch-organisatorisches Anforderungsprofil (MOA)

Das methodisch-organisatorische Anforderungsprofil MOA (vgl. BECKER 2001) soll vor allem einem vorrangigen Ziel dienen: der Übersichtlichkeit und der Einprägsamkeit. Diese beiden Komponenten sind Voraussetzung für Effektivität und Einfachheit. Dem MOA liegt eine straffe Normierung zugrunde, die in erster Linie der allgemeinen und schnellen Verständlichkeit dienen soll. Nach einer gewissen Zeit sollte der Umgang mit dem MOA eine Festigung im methodischen Vorgehen fördern, weil sich aus dieser Festigung kreative Versuche auf eine solide Basis stützen können. Es ist gewollt, dass im Laufe der Zeit über das hier vorgeschlagene Methodikkonzept eigene Ideen und Änderungen mit einfließen. Die nachfolgende Übersicht zeigt die Komponenten des MOA und ihre verwendeten Abkürzungen.

Schema der Vermittlungsmethodik

Unterrichtsmethoden (UM)
- deduktiv
- induktiv

Stofforganisation (SO)
- Teillernmethode
- Ganzheitsmethode

Knapper Kriterienkatalog (KK)
1. Erleichterung für Schüler, da nur die wichtigsten Kriterien beschrieben werden; daher weitgehender Verzicht auf natürliche und vor allem sich aus der Bewegungssituation ergebende Folgebewegungen (wie etwa Abfangen oder Bewegungen involvierter Extremitäten)
2.. Erleichterung für Bewertung und Notenfindung einzelner Bewegungsfertigkeiten, taktischer Fähigkeiten etc., da nur die wichtigsten Merkmale einer Bewegung dargestellt werden (im Sinne eines verkürzten Basaltextes).

Methodische Hilfsmittel (MH)
- mit Materialhilfe
- ohne Materialhilfe
- evtl. auch Hilfestellungen

Differenzierungsmöglichkeiten (DM)
z. B. Bildung von Leistungsgruppen (bzw. für den Sportunterricht eher Niveaugruppen) einerseits und graduelle Annäherung andererseits

Bebilderung (BB)
Zeichnungen, Skizzen (bei Taktik teilweise nur Skizzen ohne überflüssige Zeichnungen)

Organisationsrahmen (OR)
Kurzerklärungen: Schüler (Angreifer/Verteidiger/Torhüter/Zuspieler/Partner/Helfer bzw. Hilfestellung/Turner/Schwimmer etc.)
Geräteaufbau – Ausführung – Laufrichtungen mittels Pfeile etc.
Zeitangaben sowie Abstandsangaben etc. dienen nur als Grobanhaltspunkt (können von Lehrern oder Schülern nach Bedarf variiert werden).
Doppelseiten können z. B. auch in zwei Sportstunden durchgeführt werden (etwa wenn Bewegungsfertigkeiten noch sehr schlecht beherrscht werden).
Regeln können ebenfalls situationsbedingt (sportunterrichtliche Modifikation) angepasst werden.

Für die Unterrichtsmethode bis zu den Differenzierungsmöglichkeiten sowie ein Teil des organisatorischen Rahmens soll jeweils die linke Seite der Doppelseite benutzt werden. Auf die rechte Seite ist die Bebilderung entsprechend des Knappen Kriterienkatalog (**KK**) so angeordnet, dass der Schüler sofort die wichtigsten Kriterien einer Fertigkeit bzw. taktischen Elements erkennen kann. Der Organisationsrahmen schließt sich der Bebilderung an. Durch diese Anordnung soll in jedem Fall die Korrespondenz zwischen Kriterienkatalog und Bebilderung nicht gestört werden. Dem *Optischen* in *Verbindung* mit dem *korrespondierenden Basaltext* sollte *oberste Priorität* eingeräumt werden.

Im Sinne der Realitätsnähe sind auch die Skizzen schwarz-weiß - und zwar aus der einfachen Überlegung heraus, dass Schulen in der Regel über keinen Kopierer verfügen, mit dem Schaubilder für den Unterricht farbig kopiert werden könnten.

1.4 Basismethoden der einzelnen Sportarten

Wie bereits in Band I, Kap. 1.5 (Basismethoden und ihre Merkmale) erläutert, handelt es sich bei der Ganzheitsmethode um den direkten Weg eine Fertigkeit oder taktische Fähigkeit zu erlernen. Wenn irgendwie möglich sollte der direkte Weg gewählt werden. Allerdings gibt es Bewegungsfertigkeiten, bei denen es nicht immer möglich ist, mit der Ganzheitsmethode zum Erfolg zu gelangen. Hier wird die Teillernmethode vorgeschlagen. Abgesehen von dieser Tatsache sollte dennoch im Bereich der Unterrichtsmethode der deduktive Weg Priorität besitzen. Wichtigstes Ziel der Basismethode im Sportunterricht ist das Erlernen der Grobform.

Jeder Sportart werden ein geschichtlicher Kurzabriss sowie ein Strukturbild (speziell der in dem jeweiligen Band behandelten Fertigkeiten) in Form eines sich verästelnden Baumdiagramms vorweggestellt. Damit erhält jede Sportart einen didaktischen Überbau. Dieser ist aber nicht als Primat zu verstehen, sondern als ein Angebot, sich einen schnellen Überblick zu verschaffen, mit dem die technische und taktische Vielfalt etwas vereinfacht und überschaubarer wird.

So wird im Sinne der Basismethode je ein einfacher, aber effektiver methodischer Weg für die angebotenen Fertigkeiten und taktischen Fähigkeiten angeboten. Diese Vorschläge sind bewusst in „Rezeptform" gehalten. Grundlage aller methodischen Vorschläge ist das oben beschriebene *MOA*. Es werden, abgestimmt auf die Intention der Einfachheit und Einprägsamkeit sowie der Anpassung der Basismethoden an primitivste Voraussetzungen, relativ wenige verschiedene Organisationsformen, methodische Hilfsmittel etc. angeboten - ein methodischer Wirrwarr soll vermieden werden. Andererseits kann der Benutzer auf diese Weise ein Stereotyp für vielfältige Erscheinungen des Sportunterrichts wesentlich einfacher erreichen und auf dieser Grundlage seine eigenen, methodisch kreativen Wege aufbauen.

2 Bemerkungen zum Unterrichten von Gerätturnen, Leichtathletik, Schwimmen und Konditionstraining

2.1 Regelmodifikationen im Sportunterricht

Es ist im Sportunterricht darauf zu achten, immer wieder durch *Regelmodifikationen* den ungünstigen Rahmenbedingungen entgegenzutreten (insbesondere dem Zeitmangel und schlechter Ausrüstung). Daher werden die Regeln gegenüber den nationalen und internationalen Wettkampfbestimmungen modifiziert. Diese sportunterrichtsspezifischen Änderungen der Regeln sollten es dem Sportlehrer erleichtern, den Unterricht schülergerecht, d. h. vor allem motivierend, aber in erster Linie auch machbar bzw. durchführbar zu gestalten!

2.2 Wichtige Hinweise

2.2.1 Zusätzliche wichtige Hinweise für die Lehrkraft (speziell Band II)

Der Sportlehrer soll nach dem Konzept des Handbuchs der Sportmethodik mehr denn je als Moderator wirken. Selbstverständlich gelten immer noch folgende Kriterien als einmaligen Bonus für die Akzeptanz des Sportlehrers:

- Vormachen der Übungen, wenn möglich
- Mitmachen auch bei schweißtreibenden Unterrichtseinheiten
- Allgemeines sportliches Talent
- Durchsetzungsvermögen

Dennoch sollen die Schüler mit Hilfe der Struktur des Handbuchs weitgehend Eigeninitiative ergreifen.

Für den Sportlehrer bleiben als Moderator des Unterrichts Aufgaben wie etwa Helfen bei der Organisation von Geräten oder Übungsanordnungen und vor allem die Verbesserung von Schülern in der technischen Ausführung von Bewegungsfertigkeiten. Bezüglich der Übungsanordnung ist zu sagen, dass die Vorschläge nach Möglichkeit eine Sportunterrichtsstunde abdecken. Falls das Übungsziel nicht erreicht wird, kann diese Stunde einfach nochmals wiederholt werden (vgl. auch Kapitel 1).

Als weiteren Standard für die Aufgaben des Lehrers im Umgang mit diesem Handbuch gilt, dass Hilfestellungen nicht immer explizit in den Methodischen Hilfsmitteln genannt werden. Der Lehrer sollte hier in Zusammenarbeit mit den Vorlagen der Helfergriffe/Hilfestellungen den Schüler zur Seite stehen (*durch Austeilen der Kopien der Helfergriffe/Hilfestellungen* aus Kapitel 2.4). Nach einer gewissen Zeit im Umgang mit dem Handbuch wird der Lehrer den Schülern einzelne Griffe nicht mehr demonstrieren müssen, sondern nur noch ankündigen, welche Helfergriffe wann und wo anzuwenden sind. Der Lehrer entscheidet zusätzlich, ob noch andere Helfergriffe oder Hilfestellungen anzuwenden sind, sofern dies nötig erscheint.

Ähnliches gilt für die einzelnen Zeitangaben, die nur grob gemacht werden können und daher nicht immer angegeben sind. Im Übrigen sind die angegebenen zeitlichen Vorgaben nur vage Richtzeiten, die beliebig an die Übungssituation und den Übungsfortschritt gekoppelt werden können (vgl. Kapitel 1).

Für weitere Unterrichteinheiten oder anregende Stundengestaltung sind wie in Band I weitere Literaturangaben zu den einzelnen Sportarten angehängt. Im Übrigen sollte der Lehrer sich noch mit folgenden Aufgaben während oder vor der Sportstunde befassen:

- Lehrer gibt Reihenfolge der zu erlernenden Turnübungen vor; z.B. in einer Sportstunde Felgunterschwung aus Stütz in Stand und erst dann Felgunterschwung aus Stütz mit halber Drehung.
- Sportlehrer macht Schüler darauf aufmerksam, dass ein Hin- und Herwechseln von z.B. Fortgeschrittenengruppe in Anfängergruppe oder umgekehrt sinnvoll ist (nur eben so, dass Gruppen nicht zu groß oder zu klein werden!)
- Sportlehrer entscheidet weiterhin, ob die gleichen Übungen noch einmal in dieser Weise in der nächsten Sportstunde geübt werden (abhängig davon wie gut das Lernziel erreicht wurde).
- Sportlehrer kann auch entscheiden, ob doch Übungen eingebaut werden, die letztendlich einen Wechsel z.B. von Ganzheitsmethode in Teillernmethode befürworten.
- Sportlehrer zeigt in der ersten Geräteturneinheit, wie Helfergriffe bei einzelnen Übungen angewendet werden (in Verbindung mit Kopie aus Kapitel 2.4).
- Sportlehrer gibt zu den auszuteilenden Doppelseiten (vgl. Kapitel 1) noch folgende Kopien, je nach zu behandelnder Sportart, an die Schüler weiter:
  - 2.2.2 Wichtige Hinweise für Schüler
  - 2.3 Sicherheitmaßnahmen
  - 2.3.1 Sicherheitsmaßnahmen im Gerätturnen
  - 2.3.2 Sicherheitsmaßnahmen in der Leichtathletik
  - 2.3.3 Sicherheitsmaßnahmen im Schwimmen
  - 2.4 Wichtige Helfergriffe und Hilfestellungen im Gerätturnen, sowie Hauptgriffarten und Körperachsen

2.2.2 Wichtige Hinweise für Schüler

- Wer gerade nicht übt, beobachtet, verbessert, springt als Hilfestellung ein, betätigt sich anderweitig als Helfer etc.
- Wenn genügend Geräte/Sprungmatten/Weitsprunggruben/Bahnen etc. zur Verfügung stehen, mehr Geräte/Sprungmatten etc. aufbauen und pro Gerät/Sprungmatte evtl. weniger Schüler als im *OR* vorgeschlagen.
  Aber: Hilfestellungen müssen gewährleistet sein!
- Jeder muss möglichst viele Durchgänge beim Üben erreichen.
- Konditionstraining: Manche verbal unverständliche Übungen sind zeichnerisch verdeutlicht in *BB*! Ansonsten muss Lehrer Unklarheiten erklären!

2.3 Sicherheitsmaßnahmen

Die in diesem Band behandelten Sportarten bedürfen einiger Sicherheitsmaßnahmen, die es unbedingt einzuhalten gilt. In der Leichtathletik und im Schwimmen sind es in erster Linie der Umgang mit dem Gerät bzw. dem Medium Wasser, im Gerätturnen muss der Umgang mit der Gerätesicherheit noch um die Helfergriffe und Hilfestellungen beim Üben erweitert werden. Diese sind zur Verdeutlichung in Kapitel 2.4 abgebildet und zudem mit Anwendungsbeispielen aus dem Gerätturnen versehen. Bei Nichtbeachtung der Sicherheitsmaßnahmen müssen die Schüler abgestraft werden, z.B. durch Maßnahmen seitens des Schuldirektors bzw. durch entsprechende Benachrichtigung an die Eltern. Denn gerade die Eltern sind schnell bei der Hand, im Falle von Verletzungen ihrer Kinder wegen der Missachtung der Sicherheitsmaßnahmen gerichtlich gegen den Lehrer vorzugehen. Das sollte man sich heutzutage ersparen! Es wäre eventuell sinnvoll darüber nachzudenken, ob man die unten angegebenen Sicherheitsmaßnahmen durch den Direktor „absegnen" lässt, damit die ausgeteilten Kopien – eben auch über die Sicherheitsmaßnahmen – dem Sportlehrer ebenfalls als Absicherung dienen können!

2.3.1 Sicherheitsmaßnahmen im Gerätturnen

Zunächst ist beim Gerätturnen darauf zu achten, dass um die Geräte die Turnmatten so angeordnet sind, dass die Absicherung gewährleistet ist und der Turner sanft landet, falls an Geräteenden geturnt wird (Barren, Balken) evtl. immer abwechselnd turnen, damit man sich nicht in die Quere kommt. Für einzelne Geräte gilt im Groben Folgendes:

Balken: Turnmatten so anordnen, dass Turnerin bei Abgängen (seitlich/an den Enden) nicht umknicken kann - Turnmatten aneinander legen, immer wieder entstehende Lücken beheben (durch Nachschieben der auseinander gedrifteten Turnmatten) oder lange Mattenrolle (Balken steht auf Mattenrolle) auslegen.

Barren: siehe Balken, Bolzen sichern (Höheneinstellung der Holmen)!

Boden: Turnmattenbahnen lang genug anordnen oder lange Mattenrolle auslegen

Reck: siehe Balken/Barren (für Abgang auch Weichbodenmatte möglich); Bolzen, die die Reckstange sichern!

Kasten/Sprungpferd: Weichbodenmatte hinter Kasten legen (in Längsausrichtung)

Stufenbarren: Weichbodenmatten für Abgang bzw. Turnmatten als zusätzliche Sicherung, Bolzen sichern (siehe Barren)

Für die Feinabstimmung z. B. in der ersten Turnstunde kann der Lehrer eine Einführung geben, wie die (verbindlichen und grundsätzlichen) Sicherheitsmaßnahmen/Hilfestellungen etc. hinsichtlich des oben Erwähnten auszusehen haben

2.3.2 Sicherheitsmaßnahmen in der Leichtathletik

In der Leichtathletik müssen die Sicherheitsmaßnahmen vor allem beim Springen und Werfen eingehalten werden. Die Nichtbeachtung der folgenden Sicherheitsmaßnahmen kann zu schweren Verletzungen führen. Für die einzelnen Disziplinen gelten folgende Sicherheitsmaßnahmen:

Hochsprung: Besonders in der Halle, wenn die Weichbodenmatten aufgebaut werden und als Landefläche dienen, da keine Wettkampfanlagen vorhanden sind, ist es besonders wichtig, seitlich und die Rückseite der doppelten Weichbodenanlage nochmals mit Turnmatten zu sichern, falls ein Schüler über die Weichbodenmatte hinweg fliegt oder von dieser unglücklich abrutscht bzw. über sie wegrutscht.

Die Hochsprunglatte nicht mit Gewalt zwischen den Hochsprungständern einklemmen!

Es springt kein Schüler, wenn noch ein Mitschüler auf der Hochsprungmatte liegt! Es queren auch keine Mitschüler den Anlaufraum des jeweiligen Springers.

Weitsprung: Es liegen keine Gegenstände (insbesondere Rechen oder ähnliches Gerät) in der Weitsprunggrube, wenn gesprungen wird – die Weitsprunggrube ist im Moment, in dem gesprungen wird, frei von Gegenständen und Personen.

Erst die Grube (bei Übungssprüngen) nach ein paar Sprüngen glätten, dann springt der Nächste; bei Wettkampfsprüngen bzw. wenn Noten gemacht werden, werden abwechselnd Schüler bestimmt, die für glatte Sprunggruben sorgen.

Es queren keine Mitschüler den Anlaufraum des jeweiligen Springers.

Ballwurf: Es steht kein Mitschüler in der Schusslinie des Balles. Erst alle Bälle werfen, dann sammeln die Schüler gemeinsam oder dazu bestimmte Schüler die Bälle wieder ein.

Kugelstoßen: Es befindet sich kein Mitschüler im Stoßsektor der Kugelstoßanlage oder anderswo in der Stoßlinie der Kugel (z. B. wenn in Linie von Sportplatzseite oder Hallenlinien in Halle gestoßen wird). Es befinden sich auch keine Mitschüler neben dem Kugelstoßring. Die nichtstoßenden Schüler

stehen hinter dem stoßenden Schüler.
Erst alle Kugeln stoßen, dann sammeln die Schüler gemeinsam oder dazu bestimmte Schüler die Kugeln für die nächsten Versuche wieder ein.
Speerwurf: Es befindet sich kein Mitschüler im Speerwurfsektor oder anderswo in der Speerwurflinie (z. B. wenn in Linie von der Sportplatzseite gestoßen wird).
Erst alle Speere werfen, dann sammeln die Schüler gemeinsam oder dazu bestimmte Schüler die Speere für die nächsten Versuche wieder ein.

2.3.3 Sicherheitsmaßnahmen im Schwimmen

Die Lehrkraft muss besonders im Schwimmunterricht verschiedene Sicherheitsmaßnahmen ergreifen, wobei die wichtigste lautet:

Einmal mehr schauen ist besser als einmal zu wenig!

Zu den gängigen Maßnahmen, die in jedem Schwimmbad oder auch Lehrschwimmbecken ohnehin zu beachten sind, kann die Sicherheit durch zusätzliche, einfache Maßnahmen noch deutlich erhöht werden. Als Kurzzusammenfassung sollen folgende Punkte genannt werden, die mit dem gesunden Menschenverstand in die Tat umgesetzt werden können:

Baderegeln bzw. Schwimmbadregeln mit Lehrer durchgehen!

Im Weiteren ist den Anweisungen des Bademeisters oder der Lehrkraft unbedingt Folge zu leisten: Wenn dies nicht der Fall ist, muss der Schüler sofort aus dem Schwimmbad geholt werden und irgendwo auf eine Bank „verbannt" werden!

Vor dem Schwimmen wird in jedem Fall geduscht; das gilt auch für unsere wasserscheuen Freunde, schon im Sinne der Wassergewöhnung.

Mindestens einen guten Schwimmer in einer Anfängergruppe bzw. als Mitaufpasser, sozusagen als „rechte Hand" des Lehrers bestimmen und ihn auf seine verantwortliche Aufgabe einschwören.

Es springen keine Schüler vom Seitenrand des Schwimmbeckens auf ihre Mitschüler.

2.4 Wichtige Helfergriffe und Hilfestellungen im Gerätturnen

Die Helfergriffe sollen den Schülern zeigen, wie man dem Mitschüler bei turnerischen Übungen sinnvoll und möglichst ohne diesen zu verletzen hilft bzw. unterstützend auf die Übungsausführung wirkt. Die gezeigten Griffe und Hilfestellungen stellen nur einen kleinen, aber für diesen Band ausreichenden Anteil dar.
Die Hilfestellungen und Helfergriffe sind im Gerätturnen unverzichtbarer Bestandteil und sollten daher von den Schülern gelernt werden. Wer hier gravierende Fehler macht, schädigt nicht nur den Turner, sondern kann auch selbst erhebliche Verletzungen erleiden. Sehr wichtig ist bei den Helfergriffen, dass man bei räumlichen Veränderungen des Turners in der Regel in die zu turnende Richtung mit geht, d. h. man gewährt eine bewegungsbegleitende Hilfestellung! Neben den hier aufgeführten Hilfen gibt es z. B. bei Umschwüngen auch noch die einfachen Dreh- oder Schwunghilfen, wobei der Turner entsprechende Unterstützung in Form von Drücken oder Ziehen mit der flachen Hand am Rücken, am Gesäß oder anderen Körperteilen erhalten kann. Diese Hilfen sind oftmals nur unterstützend, weniger sichernd, aber dennoch von großer Bedeutung, um entsprechende Übungen vollständig zu turnen!

Anwendungsbeispiele:

Handstand: Helfer links und rechts von Turner greifen im Klammergriff um den Oberschenkel, um Turner im Handstand zu halten. Wenn weniger fest zugepackt wird, dient er nur als Stabilisierungshilfe.

Sprunghocke: Helfer links und rechts von Turner greifen im Klammergriff um die Oberarme und gehen in Bewegungsrichtung mit Turner mit (bewegungsbegleitende Hilfestellung).

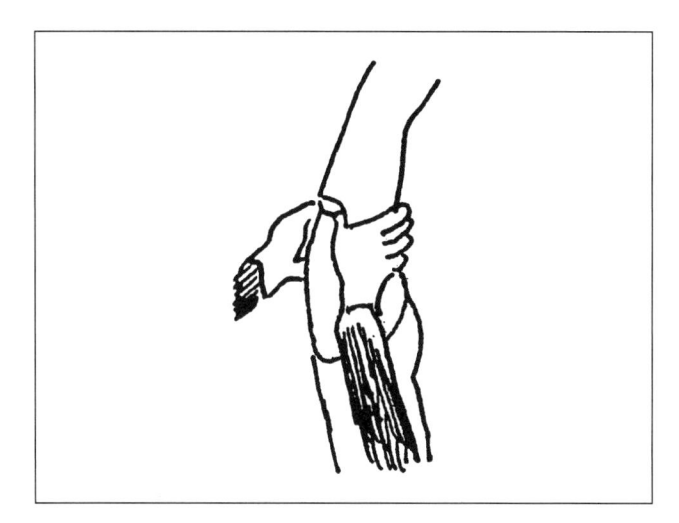

Abb. 1 Klammergriff (ganzer) = mit beiden Händen umklammern

Anwendungsbeispiele:

Grätschsprung: Helfer steht vor Turner und greift mit linker und rechter Hand jeweils den linken bzw. rechten Oberarm und „zieht" den Turner in dessen Bewegungsrichtung mit auf die Weichbodenmatte (bewegungsbegleitende Hilfestellung).

Handstand: Helfer steht vor Turner und greift mit linker und rechter Hand jeweils den linken bzw. rechten unteren Unterschenkel und hilft dem Turner einige Sekunden gerade zu stehen.

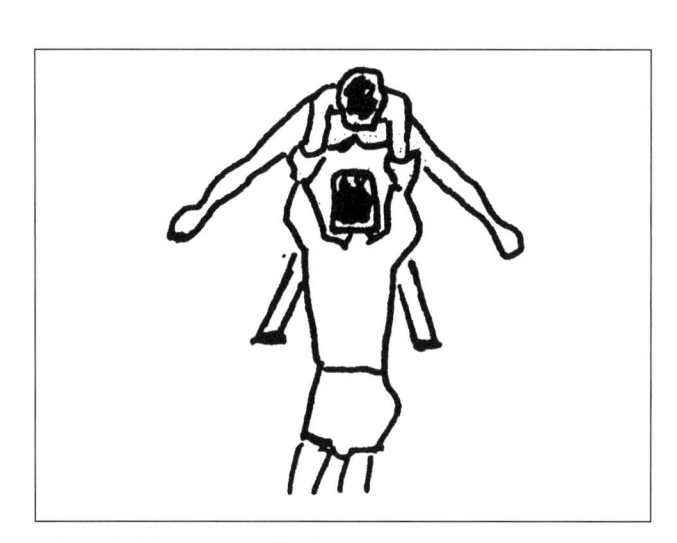

Abb. 2 Klammergriff (halber) je eine Hand hilft im „halben" Klammergriff

Anwendungsbeispiele:

Felgumschwung: an Unter- und Oberarm stützend greifen, um z. B. den Turner zu stabilisieren.

Abb. 3 Stützgriff

15

3 Gerätturnen

3.1 Einführung

Aus der Geschichte

Anfang des 19. Jahrhunderts prägte F. L. Jahn den Begriff Turnen. Turnen ist in dieser Zeit nicht nur Ausdruck einer Formung des Körpers und Charakters, sondern schließt bei Jahn auch gesellschaftliche und politische Aspekte mit ein. Turnen soll demnach die Wehrhaftigkeit erhöhen, aber auch durch seinen schlichten Charakter und die Atmosphäre, in der es ausgeübt wird, zur Aufhebung der Klassenunterschiede beitragen. Der weltweit erste Verein wird 1816 in Hamburg (Hamburger Turnerschaft) gegründet. Auf Grund ihrer Nähe zu nationalen und liberalen Bewegungen werden die Turner verfolgt und 1819 schließlich verboten. Ihr Anführer Jahn wird verhaftet und über Deutschland die sogenannte Turnsperre verhängt, die erst 1842 wieder aufgehoben wird. Nach dieser Zeit beginnen die Turnvereine allmählich aus dem Boden zu sprießen. Das Turnen wird weiterhin auch unter gesellschaftspolitischen Aspekten gesehen. Ende des 19. Jahrhunderts wird der Arbeiter-Turner-Bund gegründet (1893). Die Auflösung der Turnerschaft und ihrer Eingliederung in das Fachamt I, zuständig für Geräteturnen, Sommerspiele sowie Gymnastik, sind die Folgen der Umstrukturierung nahezu des gesamten Sports während des Nationalsozialismus von 1933-1945. Nach 1945 wird im Jahre 1950 der Deutsche Turnerbund (DTB) gegründet. Sowjets und Japaner sind führend im Turnen, bis in den 1970er Jahren auch Deutschland mit Eberhard Gienger einen Turner von Weltklasse hervorbringt. Mit Fabian Hambüchen erlebt das Turnen in Deutschland in den letzten Jahren eine nie zuvor gekannte Popularität.

Strukturbild

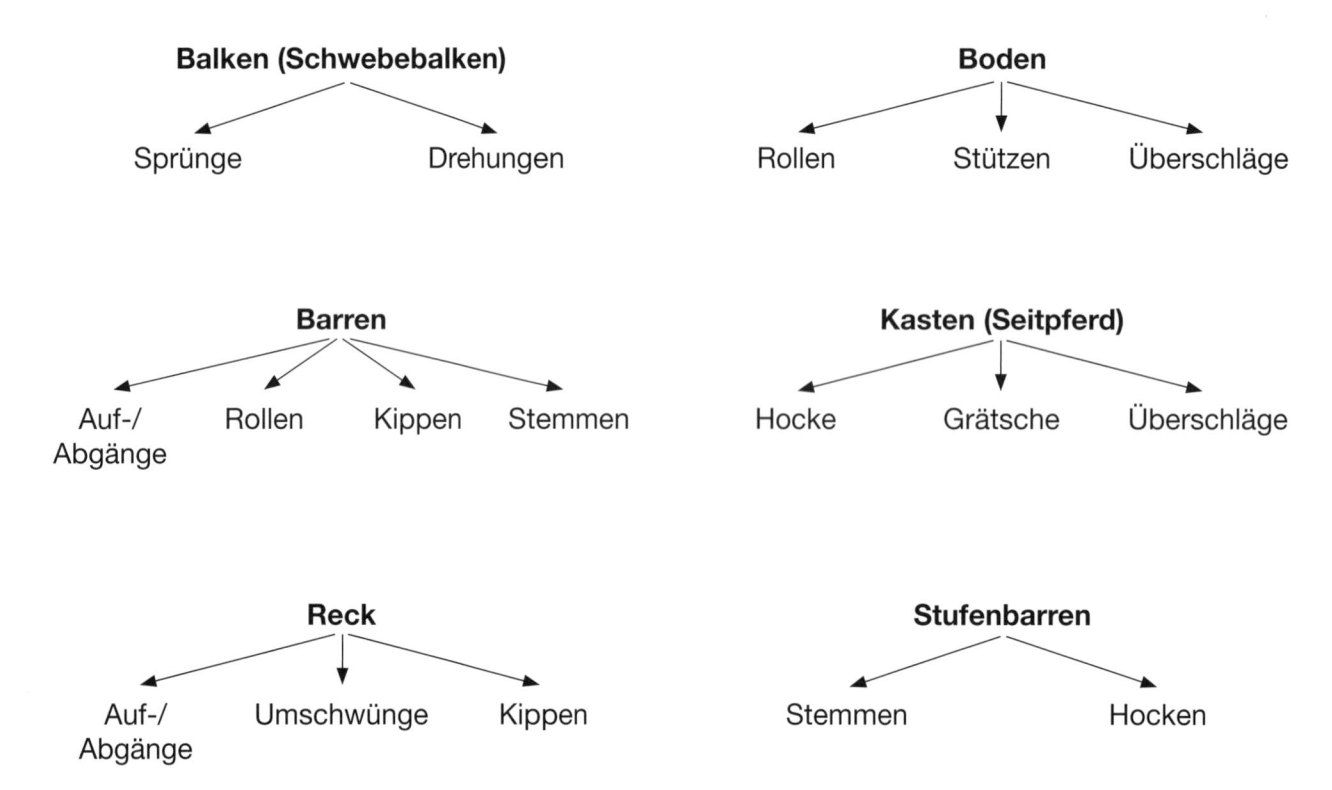

Balken (Schwebebalken)
- Sprünge
- Drehungen

Boden
- Rollen
- Stützen
- Überschläge

Barren
- Auf-/Abgänge
- Rollen
- Kippen
- Stemmen

Kasten (Seitpferd)
- Hocke
- Grätsche
- Überschläge

Reck
- Auf-/Abgänge
- Umschwünge
- Kippen

Stufenbarren
- Stemmen
- Hocken

Hauptgriffarten für das Gerätturnen im Sportunterricht

Die folgenden Abbildungen zeigen die vier Hauptgriffarten. Diese sollten genügen, um die in diesem Band dargestellten Bewegungsfertigkeiten zu meistern.

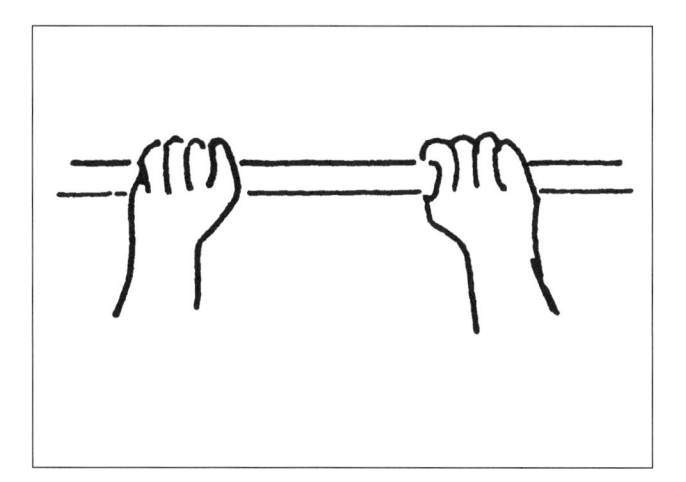

*Abb. 1 Ristgriff = Handrücken zeigen auf Körpervorderseite, Daumen **umschließen** Gerät*

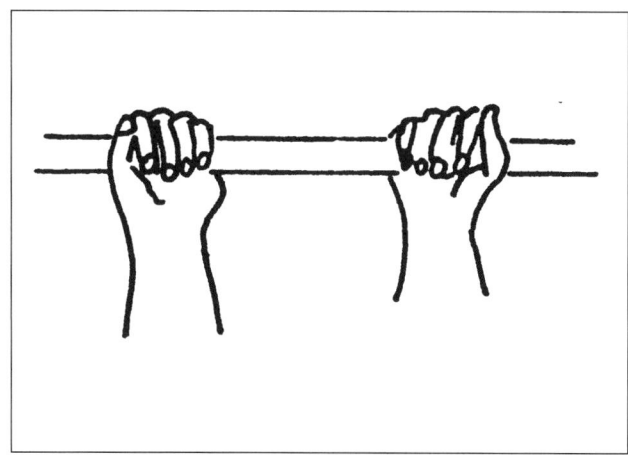

*Abb. 2 Kammgriff = Handinnenflächen zeigen auf Körpervorderseite, Daumen **umschließen** Gerät*

*Abb. 3 Ellgriff = Handinnenflächen zeigen nach außen (weg vom Gerät, in der Regel Barren), Daumen **umschließen** Gerät **nicht***

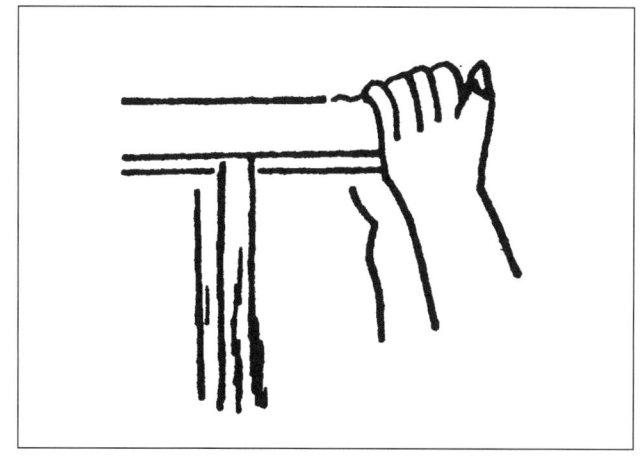

*Abb. 4 Speichgriff = Handinnenflächen zeigen zum Gerät (in der Regel Barren), Daumen **umschließen** Gerät **nicht***

Körperachsen

Das Wissen um die Körperachsen sollte dem Schüler helfen, sich seiner Lage im Raum besser bewusst zu werden.

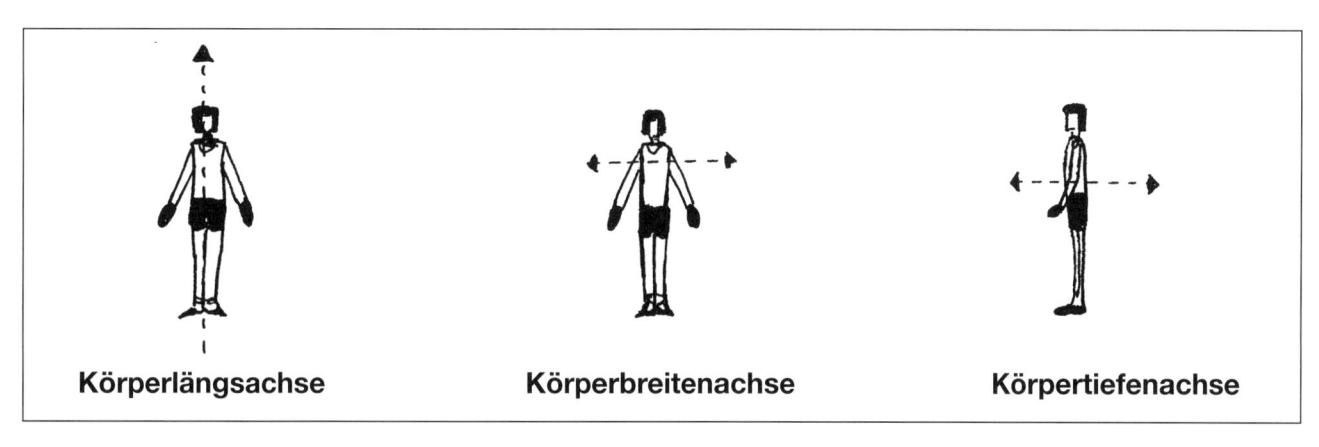

Körperlängsachse   **Körperbreitenachse**   **Körpertiefenachse**

3.1.1 *Balken (Schwebebalken)*

Drehung (halbe einbeinig) (Schülerinnen)

Gerätturnen

UM	deduktiv
SO	Ganzheitsmethode/Teillernmethode
KK	Absprung linkes Bein, Arme in Seithalte (zur Seite halten) 1 [1]
	Schwungbein (rechts) nach vorne schwingen, dabei Rücknahme linke Schulter/linker Arm – Einleitung Linksdrehung, Arme schwingen ca. 45° nach oben, Gesicht folgt Drehrichtung (links) [2] [3]
	Drehung nach links, Schwungbein ca. 45–75° abgespreizt, Fuß gestreckt, Zehenspitzen nach unten, Drehung bis 180°; Endposition einbeinig oder beidbeinig [4] [5]
MH	Vormachen (evtl. auch durch gute Schülerin), Linien in Turnhalle für Trockenübungen ohne Balken
DM	Anfänger: zunächst auf Linien, Balken erst niedrigste Höhe, allmählich höher stellen
OR	**Übung 1**

Zeit: 8–10 min.; Übende und Kontrollschülerinnen durchwechseln
Ort: Halle
Ausführung: frei im Raum verteilen, so dass keine gegenseitige Behinderung entsteht! Anfänger: partnerweise auf Turnhallenlinien üben, Drehung wie in **BB** auf Linie angsam ausführen, Partner korrigiert, Schwungbein zunächst nicht weit abspreizen, allmählich immer weiter abspreizen; erst wenn die Übung auf Linie gut klappt, auf (niedrigen) Balken umsteigen; alle Linien benutzen;
Fortgeschrittene üben gleich auf niedrigem Balken

       Schülerin ←——→ Schülerin

Linie ——————————————

       Kontrollschülerin ←——→ Kontrollschülerin
       Abstand ca. 3 m

Abstand: Schülerin–Schülerin ca. 3m

Gerätturnen

Übung 2

Zeit: 10–14 min.
Ort: Halle
Ausführung: 6–14er-Gruppen, je nach Anzahl der Balken, an je 2 Enden üben; 1 Balken niedrigste Höhe, anderer Balken etwas höher, falls nur ein Balken zur Verfügung steht, dann niedrigste Höhe; Weiterführen der Übung auf Linien, Balken links/rechts mit Turnmatten absichern; wer zu unsicher ist, übt noch auf Linien weiter

	Turnmatten	
S3, S2, S1		**S1, S2, S3** etc.
	Turnmatten	

S3, S2, S1 etc.

Abstand: Balken–Balken ca. 4 m

Übung 3

siehe **Übung 2**, Balken für Könner höchste Stufe, andere Schülerinnen üben auf niedrigem bzw. halb-hohem Niveau

Einspringen in Hockstand (Schülerinnen)

Gerätturnen

UM deduktiv

SO Ganzheitsmethode

KK (Absprung linkes Bein)

etwas schräger Kurzanlauf (ca. 3 Schritte = links/rechts/links) Absprung mit linkem Bein
kurzes Aufstützen der rechten Hand, dann Hand hochziehen, rechtes Bein in Hockposition als Schwungbein einsetzen `1`

Landen auf Fußballen (vorderer Fußteil) des rechten Fußes
linkes Bein schwingend nachziehen (kann wie bei 4 gestreckt sein, kann auch zunächst angewinkelt sein `2`

linker Fuß setzt etwas vor rechtem Fuß auf; Hockstand auf Balken `3`

MH Vormachen (evtl. auch durch gute Schülerin),
Turnmatten um Balken, evtl. Kasten mit ca. 3–4 Kastenteilen
Kreide/Magnesia

DM alle turnen an ganz tiefem Schwebebalken bzw. Anfänger springen zunächst auf Kastenoberteil ein

OR **Übung 1**

Zeit: 8–10 min.; Helfer durchwechseln
Ort: Halle
Ausführung: Schwebebalken tief einstellen (soweit wie möglich nach unten); 4er–14er-Gruppen, je nach Schwebebalkenanzahl größere/kleinere Gruppen; jeweils an Balkenenden turnen; 1 Helfer auf Balkengegenseite mit halbem Klammergriff unterstützen, falls notwendig!

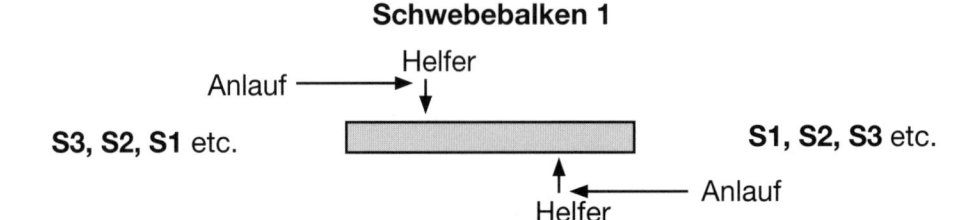

Schwebebalken 1

Anlauf → Helfer ↓

S3, S2, S1 etc. ▭ S1, S2, S3 etc.

↑ Helfer ← Anlauf

evtl. statt Schwebebalken hier 2 Kastenoberteile (für Anfänger)
(ansonsten Übungsablauf wie bei Schwebebalken)

Abstand: Schwebebalken–Schwebebalken/Kastenteil ca. 3–4 m

Gerätturnen

BB

1

2

3

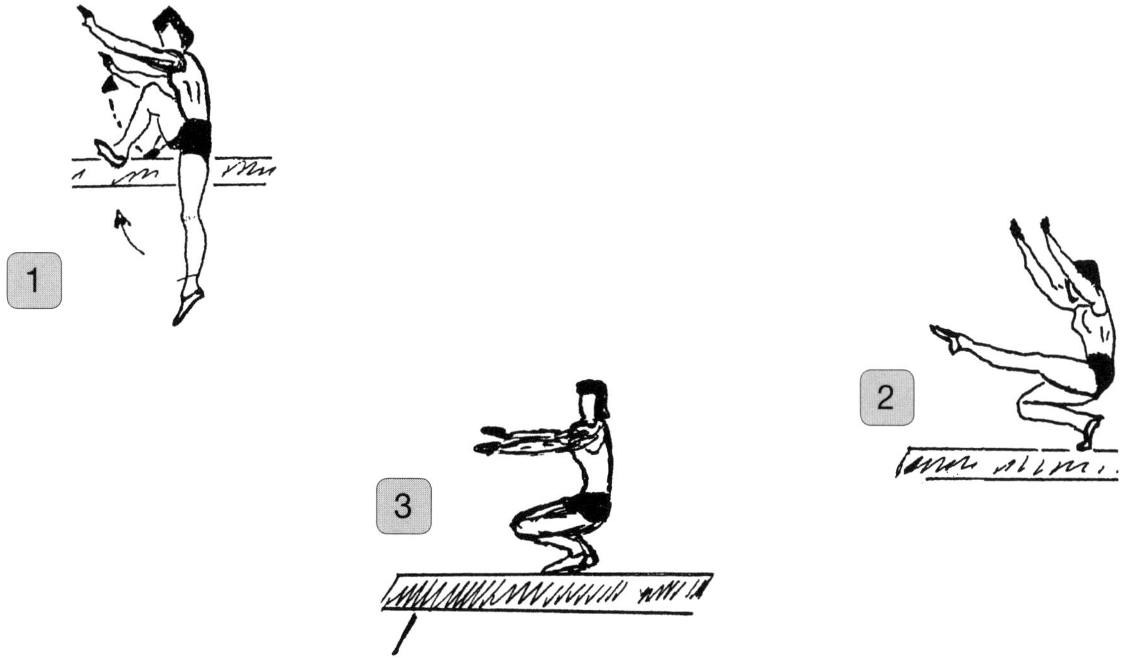

Übung 2

OR

Zeit: keine Zeitangabe; Helfer durchwechseln
Ort: Halle
Ausführung: Schwebebalken hoch einstellen (je nach Schwebebalkenanzahl einen hoch, einen mittelhoch einstellen); Kastenteile ebenfalls um 1 Kastenelement erhöhen (nicht höher!); 4–14er-Gruppen, je nach Schwebebalkenanzahl größere/kleinere Gruppen,
jeweils an Balkenenden turnen; 1 Helfer unterstützt auf Balkengegenseite mit halbem Klammergriff, falls notwendig

Schwebebalken 1

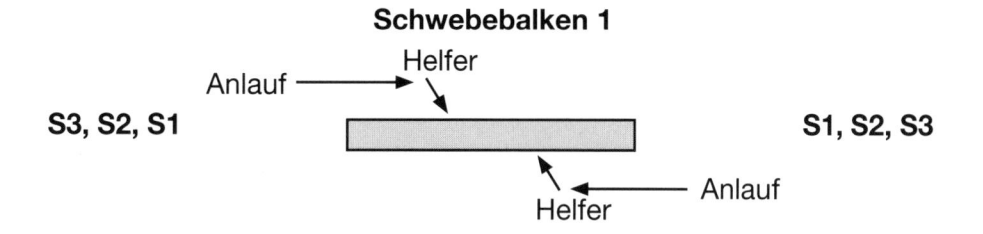

Anlauf → Helfer ↓

S3, S2, S1   S1, S2, S3

Helfer ↑ ← Anlauf

evtl. statt Schwebebalken hier 2 Kastenoberteile mit je 1 Kastenelement als weitere Erhöhung, ansonsten wie Schwebebalken 1

Abstand: Schwebebalken–Schwebebalken/Kastenteil ca. 3–4 m

Übung 3

OR

siehe **Übungen** oben, wenn möglich 1 Turner gesamten Schwebebalken benutzen (nicht nur an Balkenenden) bzw. Fortgeschrittene gehen an einen Schwebebalken, üben einzeln und benutzen gesamte Schwebebalkenfläche (keine Zeitangabe)

Pferdchensprung (Schülerinnen)

Gerätturnen

UM deduktiv

SO Ganzheitsmethode/Teillernmethode

KK Rechtsspringerin: 1 Schritt Anlauf (links–rechts Absprung) Absprung, dabei linken Oberschenkel etwa in Waagrechte bringen, Unterschenkel anwinkeln (etwa 90°), Arme in Vor-Hochhalte `1` `2`

Beinwechsel während der Flugphase: d. h. Strecken des linken Beins, Anwinkeln des rechten Beins, Oberkörper bleibt gerade! Arme nach oben strecken `3`

linkes Bein gestreckt zur Landung, rechtes Bein angewinkelt (90° Unter-Oberschenkel) `4`

Landung nachgebend auf linkem Bein, Arme nach außen-unten führen `5`

MH Vormachen (evtl. auch durch gute Schülerin)
Linien für Trockenübungen auch ohne Balken
Turnmatten neben Schwebebalken

DM zunächst auf Linien in Turnhalle, Balken erst niedrigste Höhe, allmählich Balken höher stellen

OR **Übung 1**

Zeit: 4–8 min.; Helfer durchwechseln
Ort: Halle
Ausführung: frei im Raum verteilen, so dass keine gegenseitige Behinderung entsteht! Anfänger: partnerweise auf Sporthallenlinien üben; zunächst nur Absprung + Anwinkeln eines Beins üben (Bild **1+2**), wenn dies klappt, Restübung dazu nehmen, zunächst gesamte Übung langsam und mit nur sehr kleiner Bewegungsamplitude/Raumgewinn ausführen (zunächst Winkel noch nicht 90°, nur kleiner Absprung etc.); Fortgeschrittene beginnen Gesamtübung auf Niedrigbalken

Schülerin	**Schülerin**	**Schülerin**	etc.
Kontrollschülerin	Kontrollschülerin	Kontrollschülerin	etc.

———————————————————— Linie

fortgeschrittene Gruppen entsprechend an Niedrigbalken

Gerätturnen

Übung 2

Zeit: 8–12 min.; Kontrollschülerinnen austauschen
Ort: Halle
Ausführung: 6–14er-Gruppen, je nach Balkenanzahl; Balken (niedrigste Höhe), Anfänger üben zunächst nur Absprung + Anwinkeln eines Beins auf Niedrigbalken; wenn dies klappt, Gesamtübung mit zunächst wenig, dann mehr Raumgewinn; Fortgeschrittene beginnen auf Balken (mittlere Höhe);
Übung auch hier, falls nötig, mit zunächst wenig, dann mehr Raumgewinn, falls möglich an Balkenenden turnen; jeweils 1 Turnerin + 1 Kontrollschülerin

| **S3, S2, S1** etc. | Turnerin   Turnerin | **S1, S2, S3** |
| **S3, S2, S1** etc. | 2 Kontrollschülerinnen | |

Abstand: Schwebebalken–Schwebebalken ca. 4 m

Übung 3

siehe **Übung 2**, Schwebebalken alle mindestens auf mittlere Höhe, Fortgeschrittene höchste Stufe; Übung jetzt als Gesamtübung turnen, evtl. zunächst mit wenig, dann mit viel Raumgewinn; Kontrollfunktion weitgehend durch Lehrer

Standwaage (Schüler und Schülerinnen)

Gerätturnen

UM deduktiv

SO Ganzheitsmethode

KK (Linksfüßler)
Turner steht gerade, Arme in Hochhalte 1

rechtes Bein wird nach hinten gespreizt, linkes Bein ist Standbein, Oberkörper senkt sich nach vorn unten, Verlagerung der Arme aus Hochhalte in Seithalte, Heben des rechten Beins (Spielbein) über die Waagerechte hinaus 2

MH Vormachen (evtl. auch durch guten Schüler)
Linien als Anhaltspunkte
Turnmatten als Sicherung

DM Balken zunächst ganz tief für Anfänger; auf Linien in Turnhalle für Anfänger, die viel Angst haben; bei Orientierungsproblemen **Übung 1** auch 1 m parallel vor Wand durchführen

OR **Übung 1**

Zeit: 5–8 min.; Kontrollschüler durchwechseln
Ort: Halle
Ausführung: 2er-Gruppen, ein Schüler übt (zunächst auf Linien zur Orientierung), einer kontrolliert die Bewegungsausführung; wenn nicht aufgeht, noch eine 3er-Gruppe mit 2 Übenden bilden, einer kontrolliert die Bewegungsausführung

Kontrollschülerin Kontrollschülerin
 Schüler Schüler
 ─────── ─────── etc.
 Linien **Linien**

Abstände so wählen, dass genügend Platz zum Üben bleibt.

Gerätturnen

BB

OR

Übung 2

Zeit: 12–14 min.; Kontrollschüler durchwechseln
Ort: Halle
Ausführung: 3er–5er-Gruppen/2–4 Schüler üben, Kontrollschüler achtet auf die Bewegungsausführung, verbessert mit Hilfe der **BB**!

I Standwaage Schwebebalken: Üben auf hintereinander gestellten Kastenoberteilen (niedriger/höher)
Höhe der Kastenteile bereits variieren (niedrig/höher bis zu richtigem Schwebebalken)
II Standwaage Boden: Üben auf Turnmatten

zu I:

	Kontrollschüler
S3, S2, S1	**Kastenoberteil niedrig**
	Kontrollschüler
S3, S2, S1	**Kastenoberteil höher**
	Kontrollschüler
S3, S2, S1	**Schwebebalken niedrig/höher**

zu II:

	Kontrollschüler
S3, S2, S1	**Turnmatte**

Abstände so wählen, dass genügend Platz zum Üben bleibt.

Übung 3

OR

siehe **Übung 2**, alle versuchen auf Schwebebalken, der zunächst niedrige Höhe hat, aber im Laufe der Übungsphase schrittweise höher gestellt werden kann (Anpassen an erzielte Fortschritte).

Strecksprung (am Ort – mit einfachem oder ohne Beinwechsel) (Schülerinnen)

Gerätturnen

UM deduktiv

SO Ganzheitsmethode

KK Ausgangsstellung für a und b: enge Schrittstellung; leichte Kniebeuge als Ausholbewegung, Arme seitlich nach hinten, Beine strecken, kurzer starker Fußabdruck   [1]

a) *ohne Beinwechsel*
in Flugphase Spannung in Beinen, Einziehen von Gesäß/Bauch, Beine bleiben in Luft parallel, Arme parallel nach oben strecken   [2]
beidbeinige Landung, enge Schrittstellung wie zu Beginn   [3]

b) *mit Beinwechsel*
in Flugphase wechseln angespannte Beine (vorderes wird hinteres Bein und umgekehrt), Beine parallel nach oben   [4]
beidbeinige Landung, enge Schrittstellung wie zu Beginn
(vorderes Bein steht jetzt hinten und umgekehrt)   [5]

MH Vormachen (evtl. auch durch gute Schülerin)
Linien für Trockenübungen auch ohne Balken, Turnmatten

DM Anfänger zunächst evtl. auf Linien

OR **Übung 1**

    Zeit: 6–8 min.; Helfer bzw. Kontrollschülerin durchwechseln
    Ort: Halle
    Ausführung: frei im Raum verteilen, so dass keine gegenseitige Behinderung entsteht! Anfänger: partnerweise auf Sporthallenlinien üben; Absprung–Flugphase - Landung als Ganzes üben, zunächst mit wenig Raumgewinn; Fortgeschrittene bilden 4–8er-Gruppe oder größer, je nach Bedarf und üben Gesamtbewegung auf Niedrigbalken, an jeweiligen Balkenenden üben, Turnmatten als Sicherung

Schülerin	Schülerin	Schülerin	etc.
Kontrollschülerin	Kontrollschülerin	Kontrollschülerin	etc.

Linie

S3, S2, S1 etc.   [▭]   S1, S2, S3 etc.
2 Kontrollschülerinnen

Abstand so wählen, dass keine gegenseitigen Behinderungen entstehen.

Gerätturnen

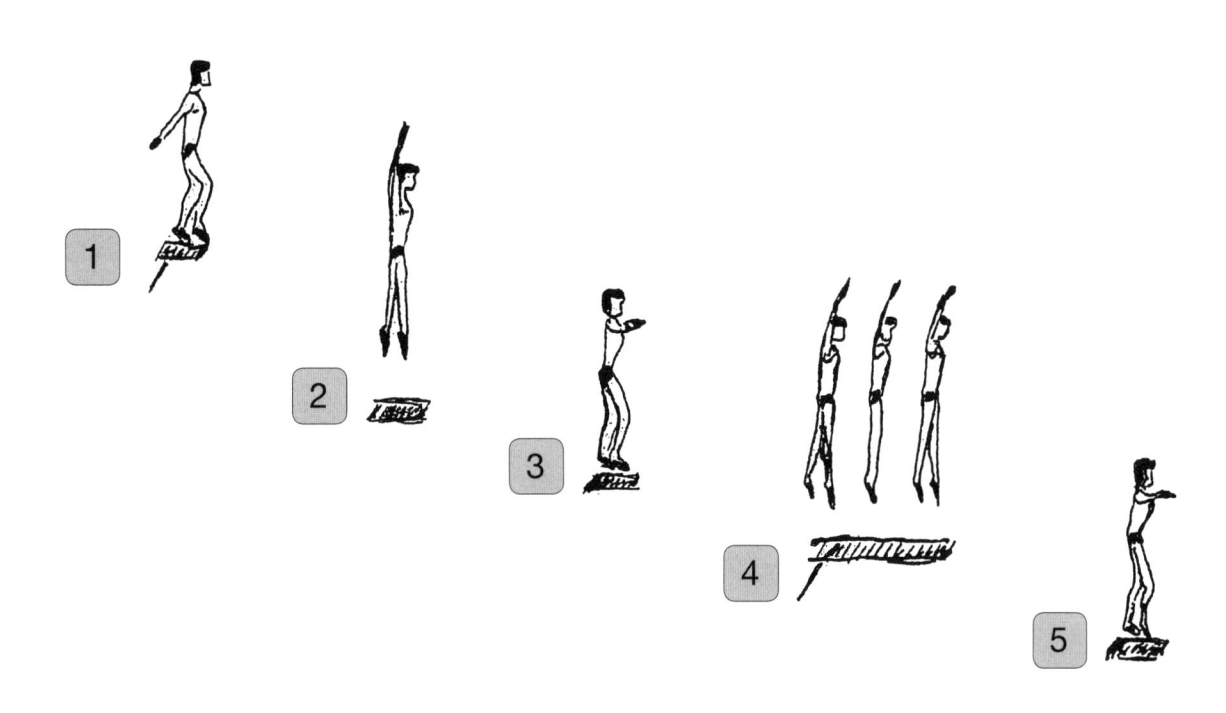

Übung 2

Zeit:	10–12 min.; Kontrollschülerin durchwechseln!
Ort:	Halle
Ausführung:	6–14er-Gruppen, je nach Balkenanzahl; Balken (niedrigste Höhe), Anfänger üben zunächst nur leichte Hüpfer ohne Raumgewinn (Gewöhnung) – leichtes Springen auf der Stelle; Fortgeschrittene beginnen auf Balken (mittlere Höhe), Übung auch hier, falls nötig, mit zunächst wenig, dann mehr Raumgewinn, an Balkenenden turnen, allmählich Sprünge höher und raumgreifender! Turnmatten als Sicherung!

S3, S2, S1 etc. | Turnerin   Turnerin | **S1, S2, S3** etc.
S3, S2, S1 etc. 2 Kontrollschülerinnen

Abstand: Schwebebalken–Schwebebalken ca. 4 m

Übung 3

Ort:	Halle
Ausführung:	siehe **Übung 2**, alle Schwebebalken mindestens auf mittlere Höhe, Fortgeschrittene höchste Stufe, Strecksprünge auch raumgreifend; Kontrollfunktion weitgehend durch Lehrer; Strecksprung kann ebenso als Abgang geturnt werden! Strecksprung von Querbalken/Längsbalken runter auf Matte, durch Hocken abfedern

3.1.2 Barren

Drehhocke (Kreishocke)

Gerätturnen

UM	deduktiv	
SO	Ganzheitsmethode	
KK	(Beispiel beschreibt Drehhocke über rechten Arm) Beim Rückwärtsschwingen im Barren Beine anhocken	1 2
	höchster Punkt erreicht, Gewichtsverlagerung auf rechte Seite	3
	über rechtes Armgelenk drehen, Kopf schaut in zu drehende Richtung, Körper folgt Kopfstellung fast automatisch	4
	angehockte Beine über beide Holmen führen	4 5
	Landung und Stand 180° andere Richtung, Körper gestreckt, rechte Hand greift schnell um, linker Arm in Seithalte oder anlegen	6
MH	Vormachen (evtl. auch durch guten Schüler), Seile als Holmenverlängerung einsetzbar, Turnmatten	
DM	Anfänger üben zunächst nur mit Seilen als verlängerte Holmen an Barrenenden; Seile zu Beginn ganz tief halten oder weglassen bzw. nur 1 Seil einsetzen!	
OR	**Übung 1**	

        Zeit: 10–12 min.; Helfer/Seilhalter durchwechseln
        Ort: Halle
        Ausführung: je nach Barrenanzahl Gruppen zu je 8–14 Schüler; 1 Helfer + 1 Turner,
                          2 Seilhalter, jeweils an Barrenenden turnen mit Seilverlängerung (Seile
                          an Holmen knoten), 2 Seilhalter halten Seile gespannt, zunächst tiefer
                          als Holmenhöhe!; dritter Helfer unterstützt Turner, Turner schwingt vor/
                          zurück, dreht über linken Holm/Seil, zunächst nur über linkes Seil, dann
                          versuchen über beide Seile, dabei beide Seile immer etwas höher halten;
                          Lehrer erklärt Helfern, wie Hilfe auszusehen hat (Schubhilfe am Gesäß)!
                          Nicht zu oft hin- und herschwingen!

Barren 1

	Seilhalter	Helfer	Seilhalter	
S3, S2, S1 etc.	—	Turner Turner	—	S1, S2, S3 etc.
	Seilhalter	Helfer	Seilhalter	

Barren 2   S3, S2, S1 etc.

Abstand: Barren–Barren ca. 3–4 m

Gerätturnen

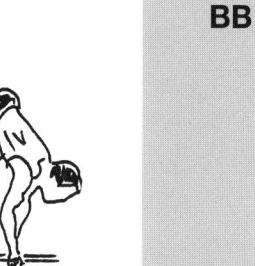

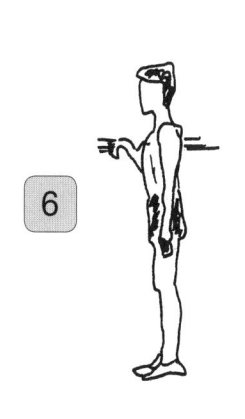

Übung 2

Zeit: 10–12 min.; Helfer/Seilhalter durchwechseln
Ort: Halle
Ausführung: je nach Barrenanzahl Gruppen zu je 8–14 Schüler, 1 Helfer + 1 Turner, 2 Seilhalter halten Seile gespannt, zunächst tiefer als Holmenhöhe!, nach 2–3 Versuchen ohne Helfer probieren!
Fortgeschrittene versuchen, bereits komplett über Holmen zu drehen (Achtung – sich nicht gegenseitig in die Quere kommen)
jeder mindestens 5–7 Versuche = zügig turnen!

Barren 1

Helfer

S3, S2, S1 etc.   —   **Turner   Turner**   —   **S1, S2, S3** etc.

Helfer

Barren 2   **S3, S2, S1** etc.

Abstand: Barren–Barren ca. 3–4 m

Übung 3

Zeit: 10–12 min.
Ort: Halle
Ausführung: siehe **Übung 2**, aber **ohne Hilfestellung**

Kehre

Gerätturnen

UM deduktiv

SO Ganzheitsmethode

KK (Rechtskehre)

Schwingen [1] [2] [3]

Vorschwungphase am Ende Hüfte abknicken (beugen)
starker Abdruck nach rechts durch linken Arm (Linkskehre rechter Arm), [4]
Gewicht auf rechte Seite verlagern, Beine immer parallel

rechter Arm löst sich unmittelbar darauf von Holm [5]
Streckung des Körpers

Außenquerstand rechts von Barren, linker Arm an Holm, [6]
rechter Arm in Seithalte oder an Körper anlegen

MH Vormachen (evtl. auch durch guten Schüler)
Seile als Holmenverlängerung einsetzbar
Turnmatten um Barren zur Absicherung

DM Barren bei Anfängern zunächst so niedrig, dass gerade noch freier Stütz (kleiner Abstand Fuß-Boden) gegeben ist; Könner sollten Schwächeren helfen bzw. sich öfter als Hilfestellung zur Verfügung stellen

OR **Übung 1**

Zeit: 6–8 min.; Helfer durchwechseln
Ort: Halle
Ausführung: 4er–14er-Gruppen, je nach Barrenanzahl größere/kleinere Gruppen; Ausgangslage Stütz: nach vorn schwingen, beide Beine nacheinander über Barren nach vorn-rechts bringen, im Außenquerstand; Übung beenden, Helfer versucht Turner an Hüften etwas durch Gegendrücken über Barren zu bringen, an beiden Barrenenden turnen

Barren 1

	Helfer		
S3, S2, S1 etc.	**Turner**	**Turner**	S1, S2, S3 etc.
	Helfer		

Barren 2 S3, S2, S1 etc.

Abstand: Barren–Barren ca. 3–4 m

Gerätturnen

Übung 2

Zeit: 12–16 min.; Helfer durchwechseln
Ort: Halle
Ausführung: 4–14er-Gruppen, je nach Barrenanzahl Gruppen größer/kleiner; Ausgangslage Stütz: 2–3mal hin- und herschwingen, zunächst nicht zu hoch hinaus schwingen; Kehre: versuchen, Beine parallel über rechten Holm zu bringen; wenn es die Barrenanzahl zulässt, eine Gruppe (Fortgeschrittene) an einem Barren alleine, übrige Schüler üben an Barrenenden; Helfer unterstützen evtl. noch beim Rausschwingen über rechten Holm

Barren 1

	Helfer		
S3, S2, S1 etc.	Turner	Turner	S1, S2, S3 etc.
	Helfer		

Barren 2
(wie Barren 1 nur mit Fortgeschrittenengruppe, die in Mitte des Barrens mit nur 1 Turner üben); Helfer nur noch nach Bedarf einsetzen

Abstand: Barren–Barren ca. 3–4 m

Christoph Becker: Handbuch der Sportmethodik · Band 2 · Best.-Nr. 623 · © Brigg Pädagogik Verlag GmbH, Augsburg

Kippaufschwung in Grätschsitz (aus Strecksturzhang)

Gerätturnen

UM	deduktiv	
SO	Ganzheitsmethode	
KK	Ausgangsstellung ist Strecksturzhang mit Ell- oder Speichgriff	1
	Beugen der Hüfte, Beine gestreckt nach hinten bringen und in der Hüfte abbremsen	2
	Beine explosionsartig nach vorne schnellen und dabei in Stütz ziehen (flüchtiger Kipphang und Aufkippen vorwärts)	3 4
	wenn Hüfte etwas über Barrenholmen gekommen ist, Beine grätschen (falls Speichgriff umgreifen)	5 6
	und auf Holme mit gestreckten Beinen (Endposition) bringen	7
MH	Vormachen (evtl. auch durch guten Schüler) Barren, Kasten, Turnmatten zur Absicherung um Barren legen	
DM	Barren bei Anfängern zunächst so niedrig, dass gerade noch freier Stütz (kleiner Abstand Fuß-Boden) gegeben ist; Könner sollten Schwächeren helfen bzw. sich öfter als Hilfestellung zur Verfügung stellen	

OR **Übung 1**

Zeit: 6–8 min.; Helfer durchwechseln
Ort: Halle
Ausführung: 4er–14er-Gruppen; je nach Barrenanzahl Gruppen größer/kleiner
Barren 1: Anfänger, liegen auf Rücken abgestützt auf Kasten (Bild 2 siehe **BB** = Kipplage), 2 Helfer helfen, in Stütz zu kommen;
Barren 2: turnen direkt aus Strecksturzhang; **Barren 1** Kastenhöhe entsprechend einstellen, Turner liegt so auf Rücken, dass Gesäß etwa 20–30cm über Kastenende ragt; Kasten etwas aus Holmengasse rausstehen lassen, jeweils an Barrenenden turnen

Barren 1

	Helfer	Helfer	
S3, S2, S1 etc.	**Kasten 1**	**Kasten 2**	S1, S2, S3 etc.
	Helfer	Helfer	

Barren 2 wie Barren 1, versuchen, ohne Kasten in Stütz zu kommen (aus Kipplage)

Abstand: Barren–Barren ca. 3–4 m

Gerätturnen

BB

Übung 2

OR

Zeit: 12–14 min.; Helfer durchwechseln
Ort: Halle
Ausführung: 4er–14er-Gruppen; je nach Barrenanzahl größere/kleinere Gruppen
Barren 1: ohne Kastenhilfe, Hilfestellung allmählich möglichst auf je einen Helfer reduzieren; an Barrenenden turnen
Barren 2: Helfer, falls möglich, bereits weglassen

Barren 1

	Helfer	Helfer	
S3, S2, S1 etc.	**Turner**	**Turner**	**S1, S2, S3** etc.
	Helfer	Helfer	

Barren 2: S3, S2, S1 etc.

Übung 3

OR

Zeit: was zur Verfügung steht; Helfer durchwechseln
Ort: Halle
Ausführung: siehe **Übungen** oben, aber falls möglich 1 Turner pro Barren

Oberarmkippe

Gerätturnen

UM	deduktiv
SO	Ganzheitsmethode
KK	Einnehmen der Oberarmkipplage `1` `2`
	Beginn der Kippbewegung, schnelle Streckbewegung der Hüftgelenke, Beine nach vorne oben werfen `2` `3`
	Schwung ausnutzen, um sich in Stütz noch mit Hilfe der Arme hoch zu drücken; Beine immer gestreckt `4` `5` `6`
	in Endphase sauberes Schwingen anschließen `7`
MH	Vormachen (evtl. auch durch guten Schüler), Turnmatten zur Absicherung
DM	Anfänger zunächst ohne Einspringen, stattdessen unterstützt Helfer Turner aus Stand (Oberarme über Barren) in Kippauslage zu kommen; z.B. **Barren 1** Anfänger, **Barren 2** Fortgeschrittene

OR   **Übung 1**

Zeit: 10–12 min.; Helfer durchwechseln
Ort: Halle
Ausführung: 4er–14er-Gruppen, je nach Barrenanzahl größere/kleinere Gruppen; abwechselnd an beiden Barrenenden turnen; kopfhoher Barren, Turner aus Stand in Oberarmhang (Arme fast gestreckt) schwingt kurz nach vorn; Helfer hilft, in Oberarmkipplage zu kommen (Turner an Schulterblättern unterstützen); ebenso bei Streckbewegung der Beine, dann blitzschnell umgreifen an Arme für Klammergriff, Arme gestreckt; Helfer müssen bei Klammergriff leicht bei Bewegung mitgehen, damit Turner sich nicht verletzt (bewegungsbegleitend)!

Barren 1

	Helfer	Helfer	
S3, S2, S1 etc.	**Turner**	**Turner**	**S1, S2, S3** etc.
	Helfer	Helfer	

Barren 2 siehe Barren 1, wenn möglich nur 1 Helfer oder kein Helfer

Abstand: Barren–Barren ca. 3–4 m

Gerätturnen

Übung 2

Zeit: 10–14 min.; Helfer durchwechseln
Ort: Halle
Ausführung: 4er–14er-Gruppen, je nach Barrenanzahl größere/kleinere Gruppen; an beiden Barrenenden turnen, kopfhoher Barren
Barren 1: Einspringen in Oberarmhang, Arme fast gestreckt, auf langen Vorschwung achten + gestreckter Körper; Oberarmkipplage, Helfer unterstützt hierbei Turner an Schulter, dass dieser nicht nach unten absackt

Barren 1

	Helfer	Helfer	
S3, S2, S1 etc.	**Turner**	**Turner**	S1, S2, S3 etc.
	Helfer	Helfer	

Barren 2: siehe Barren 2, wenn möglich nur 1 Helfer oder kein Helfer

Übung 3

siehe **Übung 1** nur wenn möglich an einem Barren (nicht an Barrenenden) turnen etc.

Oberarmrolle vorwärts aus Grätschsitz in Grätschsitz

Gerätturnen

UM	deduktiv
SO	Ganzheitsmethode
KK	Ausgangsposition: Grätschsitz, Beine gestreckt, Arme vor Körper, Oberkörper nach vorn fallen lassen, Ellbogen gebeugt, Beine gestreckt [1]
	Rollbewegung, Ellbogen gebeugt, Beine gestreckt, am Ende Hände loslassen [2] [3]
	nachdem Oberkörper sich leicht über Barrenholmen befindet, greifen Hände nach Holmen, um sich notfalls noch abzudrücken [4]
	Endposition Grätschsitz [5]
MH	Vormachen (evtl. auch durch guten Schüler)
DM	Anfänger zunächst **langsame** Ausführung mit mindestens 2 Hilfestellungen, die Turner quasi stützen, heben und führen; wenn möglich 1 Barren zur Verfügung stellen, bei dem Holme leicht schräg gestellt sind, damit Rollen einfacher ist, notfalls einige Durchgänge (mit 1 Gruppe nur Anfänger) so gestalten

OR

Übung 1

Zeit: 8–10 min.; Helfer durchwechseln
Ort: Halle
Ausführung: 4er–14er-Gruppen, je nach Barrenanzahl größere/kleinere Gruppen wenn möglich, an beiden Barrenenden turnen; (dann z. B. absolute Anfänger an ein Ende, 3 Helfer/Turner, 2 Helfer/Turner anderes Ende; evtl. für Anfänger 1 Barren bereitstellen, der leicht schief ist (Vereinfachung der Rolle) - dann nur an einem Ende turnen -Ausgangslage Grätschsitz: Rolle vorwärts über Oberarme; Helfer links/rechts und evtl. in Holmengasse, der versucht, Turner an Oberschenkelrückseiten evtl. zu bremsen; **Lehrer erklärt** Helfergriff (Verletzungsgefahr); hier Klammergriff für Drehbewegung
Achtung: abwechselnd an einem/anderen Barrenende turnen!

Barren 1

	Helfer		Helfer		
S3, S2, S1 etc.	**Turner**	Helfer	**Turner**	S1, S2, S3 etc.
	Helfer		Helfer		

Barren 2 etc.

Abstand: Barren–Barren ca. 3–4 m

Gerätturnen

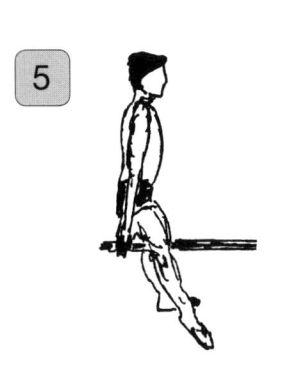

Übung 2

Zeit: 8–12 min.; Helfer durchwechseln
Ort: Halle
Ausführung: siehe **Übung 1**, aber Helfer reduzieren, wenn möglich an einem Barren bereits ohne Helfer üben lassen

Übung 3

Zeit: keine Zeitangabe
Ort: Halle
Ausführung: siehe **Übung 2**, wenn möglich Barren jetzt schulter-/kopfhoch

Oberarmstand (aus dem Schwingen) – Abrollen in Grätschsitz

Gerätturnen

UM	deduktiv
SO	Teillern-/Ganzheitsmethode
KK	Rückwärtsschwingen bis durch Stütz Arme durchgedrückt, Körperstreckung [1] [2]
	Körperstreckung beim Aufschwingen nach hinten, Beginn des Armbeugens, langsam Ellbogen nach außen drücken [3]
	Körper senkrecht, Kopf nach unten, Ellbogen nach außen beugen Oberarmstand Seitansicht und Frontalansicht [4] [4a]
	nach vorn-unten schwingen, nach ca. 20–30° Beingrätschen, Beine dabei gut durchdrücken, Arme bleiben nach außen gebeugt [5]
	Endposition: Grätschsitz [6]
MH	Vormachen (evtl. auch durch guten Schüler), Weichboden-/Turnmatten
DM	je Anfänger zwei Helfer
OR	**Übung 1**

Zeit: 12–14 min.; Helfer durchwechseln
Ort: Halle
Ausführung: aus Grätschsitz in Oberarmstand (intensive Hilfestellung!); 6–14er-Gruppen; je nach Barrenanzahl größere/kleinere Gruppen (mindestens immer 6 Akteure: pro Barren = 2 Helfer/1 Turner), Helfer unterstützen Turner an Beinen (Hochdrücken), an beiden Holmenenden üben, Weichbodenmatte quer über Holmen, Turner lässt sich bei **Übung 1** nur nach vorne fallen auf Weichbodenmatte; **Achtung:** immer abwechselnd von einem Ende, dann anderes Ende turnen lassen!

Barren 1

	Helfer		Helfer	
S3, S2, S1 etc.	**Turner**	Weichbodenmatte	**Turner**	S1, S2, S3 etc.
	Helfer		Helfer	

Barren 2: **Schüler 1, 2, 3** etc.

Abstand: Barren–Barren ca. 3–4 m

Gerätturnen

|1| |2| |3|
|4| |4a| |5| |6|

Frontalansicht

BB

Übung 2

OR

Zeit: 14–18 min.; Helfer durchwechseln
Ort: Halle
Ausführung: 6–14er-Gruppen, siehe **Übung 1**, Helfer nur wenn möglich reduzieren, Weichbodenmatte entfernen, aus Grätschsitz in Oberarmstand, Abrollen in Grätschsitz

Barren 1

	Helfer	Helfer	
S3, S2, S1 etc.	**Turner**	**Turner**	**S1, S2, S3** etc.
	Helfer	Helfer	

Barren 2 etc.

Übung 3

OR

Zeit: 10–14 min.; Helfer durchwechseln
Ort: Halle
Ausführung: 6–14er-Gruppen, je nach Barrenanzahl Gruppen größer/kleiner; an äußersten Barrenenden turnen oder abwechselnd linkes Barrenende/rechtes Barrenende (andere nicht behindern); ein Mal vorschwingen, zurückschwingen, Helfer unterstützen Turner an Beinen beim Hochgehen in Oberarmstand deutlich (falls dieser zu schwach/zu wenig Schwung), Helfer halten Turner in Oberarmstand, Unterstützung bei Abgang, sanft in Grätschsitz übergehen, **Helfer gefordert (besonders bei Anfängern)**, Fortgeschrittene üben bereits mit nur 1 Helfer oder alleine, **Stützkraft sehr wichtig**, da Schwung nicht immer ausreicht!

BB

Schwingen

Gerätturnen

UM	deduktiv
SO	Ganzheitsmethode
KK	Körper langsam aus Stütz nach vorne pendeln; Körper und Arme gestreckt ① ②
	Körper wieder nach hinten pendeln, bereits jetzt Übergang ins Schwingen; Körper und Arme gestreckt ③ ④
	sobald Körper beim Vorwärtsschwingen über Senkrechte hinausgeht, sind Körper und Arme weiterhin gestreckt, Hüfte nach vorne schieben (nicht im Schultergelenk verkrampfen) ⑤ ⑥
	Wichtig: Hüfte nur kurz vor Wendepunkt leicht abknicken! ⑦
	Zurückschwingen/Vorschwingen gesamter Körper gerade/gestreckt; Wendepunkte: rechter Winkel zwischen Oberarmen und Oberkörper
MH	Vormachen (evtl. auch durch guten Schüler), Turnmatten
DM	bei Anfänger links/rechts Helfer mit Klammergriff beim Schwingen vor-/zurück mitgehen, damit sich der Turner nicht verletzt (bewegungsbegleitend)!
OR	**Übung 1**

  Zeit: 4–6 min.; Helfer durchwechseln
  Ort: Halle
  Ausführung: 6–14er-Gruppen, je nach Barrenanzahl größere/kleinere Gruppen; an je 2 Barrenenden turnen
  Barren 1 (Anfänger): Turner pendeln leicht vor/zurück, Helfer unterstützen mit Klammergriff, gehen beim leichten Pendeln mit (Vermeidung von Verletzungen); **Barren 2:** Turner versuchen, bereits mit größerer Schwingungsweite zu pendeln, so dass Schwingen erkennbar (Helfer konzentriert bei Klammergriff mitgehen);
  Lehrer erklärt hier Klammergriff für Drehungen (Verletzungsgefahr)

Barren 1

	Helfer	Helfer	
S3, S2, S1 etc.	**Turner**	**Turner**	**S1, S2, S3** etc.
	Helfer	Helfer	

Barren 2 siehe **Barren 1**, nur größere Schwingungsweite

Abstand: Barren–Barren ca. 3–4 m

Gerätturnen

Übung 2

Zeit: 6–8 min.; Helfer durchwechseln
Ort: Halle
Ausführung: 4er–14er-Gruppen, je nach Barrenanzahl größere/kleinere Gruppen; an je 2 Barrenenden turnen
Barren 1: aus leichtem Pendeln ins Schwingen übergehen, mindestens 2–3 Mal hin- und herschwingen, dann z. B. zum kurzen Ausruhen in Grätschsitz, noch 2–3 Mal hin- und herschwingen 1 Helfer, 1 Turner
Barren 2: Turner versuchen hier direkt zu schwingen ohne vorher zu pendeln, 1 Helfer passt nur auf (leichter Klammergriff), falls Turner z. B. müde wird, Hin- und Herschwingen so lange wie möglich

Barren 1

	Helfer		
S3, S2, S1 etc.	**Turner**	**Turner**	**S1, S2, S3** etc.
	Helfer		

Barren 2 siehe Barren 1, nur Schwingen ohne Pause mindestens 6–8 Mal hin und her

Abstand: Barren–Barren ca. 3–4 m

Schwingen in Oberarmstand, Abrollen in Oberarmhang (Oberarmstütz)

Gerätturnen

UM	deduktiv
SO	Teillern-/Ganzheitsmethode
KK	Rückschwingen, Körper gestreckt [1]
	Körper bleibt beim Aufschwingen nach hinten weitgehend gestreckt Arme absenken, langsam Ellbogen nach außen drücken [2]
	Oberarmstand: Körper senkrecht, Kopf nach unten, Ellbogen nach außen beugen [3]
	nach vorn fallen lassen, umgreifen, Ellbogen nach außen [4] [5]
	Endposition: Oberarmhang [6]
MH	Vormachen (evtl. auch durch guten Schüler); Weichboden-/Turnmatten, Kastenoberteile/Kleinkästen
DM	je Anfänger zwei Helfer

OR

Übung 1

Zeit: 12–14 min.; Helfer durchwechseln
Ort: Halle
Ausführung: Schwingen 1x nach vorn, 1x nach hinten, Schwingen in Oberarmstand, nach vorn auf Weichbodenmatte fallen lassen; 6–14er-Gruppen, je nach Barrenanzahl größere/kleinere Gruppen (mindestens immer 6 Akteure pro Barrenende auf 1 Turner 2 Helfer), Helfer unterstützen Turner an Beinen (Hochdrücken), an beiden Holmenden üben, Weichbodenmatte quer über Holmen
Achtung: immer abwechselnd an einem, dann anderem Barrenende turnen; Barren sind kopfhoch!

Barren 1

	Helfer		Helfer	
S3, S2, S1 etc.	**Turner**	Weichbodenmatte	**Turner**	**S1, S2, S3** etc.
	Helfer		Helfer	

Barren 2: S3, S2, S1 etc.

Abstand: Barren–Barren ca. 3–4 m

Gerätturnen

Übung 2

Zeit: 12–14 min.; Helfer durchwechseln
Ort: Halle
Ausführung: 6–14er-Gruppen, je nach Barrenanzahl Gruppen größer/kleiner; an äußersten Barrenenden turnen bzw. immer abwechselnd an einem, dann anderem Barrenende turnen (keine gegenseitige Behinderung – Verletzungsgefahr!)–keine Weichbodenmatte; in Oberarmstand schwingen, in Oberarmhang abfallen, Helfer unterstützen gesamten Bewegungsablauf tatkräftig aus erhöhter Position von Kastenoberteil, besonders an Oberschenkel Klammergriff; dann, beim Abfallen an Oberschenkelrückseite Schwung bremsen!

	Barren 1		
	Kastenoberteile	Kastenoberteile	
	Helfer	Helfer	
S3, S2, S1 etc.	**Turner**	**Turner**	S1, S2, S3 etc.
	Helfer	Helfer	
	Kastenoberteile	Kastenoberteile	

Barren 2 etc.

Abstand: Barren–Barren ca. 3–4 m

Übung 3

Zeit: 14–18 min.; Helfer durchwechseln
Ort: Halle
Ausführung: siehe **Übung 2**, Helfer, wenn möglich, reduzieren
Abstand: Barren–Barren ca. 3–4 m

Stemmaufschwung vorwärts aus Oberarmhang in Grätschsitz

Gerätturnen

UM	deduktiv
SO	Ganzheitsmethode
KK	Einspringen in Barren (mit oder ohne Sprungbrett) in den Oberarmhang ⟶ 1
	nach vorne schwingen ⟶ 2
	nach Durchschwingen der Senkrechten Beine noch mal kräftig nach vorn-oben schlagen ⟶ 3
	Hüfte direkt leicht beugen, um Schwung abzubremsen ⟶ 4
	mit Händen kräftig von Holmen abdrücken, Beine grätschen ⟶ 5
	Endposition: Grätschsitz ⟶ 6
MH	Vormachen (evtl. auch durch guten Schüler); Turnmatten, Kastenoberteile
DM	Fortgeschrittene können bereits ohne Hilfestellung üben

OR **Übung 1**

Zeit: 10–12 min.; Helfer durchwechseln
Ort: Halle
Ausführung: Einspringen in Oberarmhang (durch nach Vornefallen vom Kastenoberteil), Schwingen 1x nach vorn, 1x nach hinten, 1x nach vorn; 2 Helfer unterstützen Turner in Bild 3 beim Hochdrücken; 6–14er-Gruppen, je nach Barrenanzahl größere/kleinere Gruppen (mindestens 6 Akteure = pro Barrenende 1 Turner/2 Helfer); Helfer unterstützen Turner an Gesäß und Beinen, immer abwechselnd an einem, dann an anderem Barrenende turnen (Verletzungsgefahr!)

Barren 1

S3, S2, S1 etc. | Kastenoberteil | Helfer / **Turner** / Helfer | Helfer / **Turner** / Helfer | Kastenoberteil | S1, S2, S3 etc.

Barren 2: S3, S2, S1 etc.

Abstand: Barren–Barren ca. 3–4 m

Gerätturnen

Übung 2

Zeit: keine Zeitangabe; Helfer durchwechseln
Ort: Halle
Ausführung: siehe **Übung 1**, Helfer soweit wie möglich reduzieren, ohne Kastenoberteil in Oberarmhang springen

Stemmaufschwung aus Oberarmhang rückwärts

Gerätturnen

UM	deduktiv
SO	Ganzheitsmethode
KK	Oberarmhang ist Ausgangslage [1]
	schnelles Vorbringen der Beine, um dann wieder in Oberarmhang zu kommen (auch mehrmals im Oberarmhang hin- und her pendeln bzw. schwingen) [2] [3]
	Rückschwingen, Hände greifen Holmen fest, Körper ist gerade und gestreckt, mit Hände kräftig von Holmen abdrücken [4]
	Körper bewegt sich nach hinten oben in gestreckter Haltung [5] [6]
MH	Vormachen (evtl. auch durch guten Schüler); Turnmatten, Kastenoberteile
DM	Fortgeschrittene können bereits ohne Hilfestellung üben
OR	**Übung 1**

Zeit: 10–12 min.; Helfer durchwechseln
Ort: Halle
Ausführung: Einspringen in Oberarmhang (durch nach Vornefallen von Kastenoberteil), Schwingen 1x nach vorn, 1x nach hinten; 2 Helfer unterstützen Turner in **Bild 5** beim Hochdrücken; 6er–14er-Gruppen, je nach Barrenanzahl größere/kleinere Gruppen (mindestens 6 Akteure = pro Barrenende 1 Turner/2 Helfer); Helfer unterstützen Turner an Gesäß und Beinen, noch 1–2x schwingen, abwechselnd an einem, dann an anderem Barrenende turnen (Verletzungsgefahr!)

Barren 1

	Helfer	Helfer	
S3, S2, S1 etc.	Kasten **Turner**	**Turner** Kasten	**S1, S2, S3** etc.
	Helfer	Helfer	

Barren 2: **S3, S2, S1** etc.

Abstand: Barren–Barren ca. 3–4 m

Gerätturnen

Übung 2

Zeit: 12–16 min.; Helfer durchwechseln
Ort: Halle
Ausführung: siehe **Übung 1**, Helfer soweit wie möglich reduzieren, ohne Kastenoberteil in Oberarmhang springen, nach Möglichkeit nur noch 1 x nach vorne pendeln und direkt beim Rückschwingen in den Stütz.
Diese Übung ist eher für den Mittelteil bei einer Barrenkür gedacht!

Wende (hohe) in Außenquerstand

Gerätturnen

UM deduktiv

SO Ganzheitsmethode

KK (Rechtswende)

nach Schwingen, Rückschwungphase bis etwa 45° (bei hoher Wende 70–80°) stärkerer Abdruck durch linken Arm 〔1〕

linker Arm stützt etwas vor rechten Arm auf rechten Holm, gleichzeitig lässt rechter Arm los, Gewichtsverlagerung auf rechten Holm; Körperstreckung bei Holmüberquerung 〔2〕 〔3〕

Außenquerstand rechts von Barren, linker Arm an Barren, rechter Arm in Seithalte oder am Körper 〔4〕

MH Vormachen (evtl. auch durch guten Schüler); Turnmatten, Seile

DM Fortgeschrittene evtl. bereits ohne Hilfestellung und größerem Winkel zwischen Körper und Barrenholmen/Seilen

OR **Übung 1**

Zeit: 10–12 min.; Helfer durchwechseln
Ort: Halle
Ausführung: 6er–14er-Gruppen, je nach Barrenanzahl größere/kleinere Gruppen (mindestens 4 Akteure = pro Barrenende 1 Turner/1Helfer); Schwingen 2x nach vorn, 2x nach hinten, wenn Körper etwa 20–30° über Barrenholmen, Gewichtsverlagerung nach rechts; Helfer unterstützt Turner jetzt, indem er ihn evtl. an linker Hüfte nach rechts drückt (nur wenn nötig), an Barrenenden nach innen turnen, zunächst Barrenholmen, über die gewendet wird, nur gedacht oder mit Seilen simulieren, 2 Schüler an jedem Barrenende halten Seile (Verletzungsgefahr!)

Barren 1

		Helfer		
S3, S2, S1 etc.	Turner		Turner	S1, S2, S3 etc.
		Helfer		

Barren 2: S3, S2, S1 etc.

Abstand: Barren–Barren ca. 3–4 m

Gerätturnen

Übung 2

Zeit: keine Zeitangabe
Ort: Halle
Ausführung: siehe **Übung 1**, wenn möglich ohne Hilfestellung, Winkel Körper – gedachter Barrenholmen (da immer noch an Barrenenden geturnt wird) bis ca. 70–80° steigern, evtl. noch mit Seilen, diese aber etwas höher als Barrenholmen halten (Turner zwingen, höher rauszuschwingen); mit Seilen Verletzungsgefahr mindern; denn hier kann immer noch durch Helfer Seilhöhe variiert werden; nicht mehr nach innen turnen!

Übung 3

Zeit: keine Zeitangabe
Ort: Halle
Ausführung: siehe **Übung 2**, wenn möglich jeder ein paar Mal in Barrenmitte unter normalen Bedingungen turnen, selbst wenn dadurch längere Wartezeiten für Einzelne entstehen, falls zu wenig Barren vorhanden sind; Helfer zumindest bei noch nicht sicheren Turnern als psychologische Hilfe beistellen

3.1.3 Boden

Felgrolle

Gerätturnen

UM	deduktiv	
SO	Ganzheitsmethode	
KK	aus Stand nach hinten fallen lassen, Beine immer gestreckt, Arme gestreckt auf Boden aufsetzen	1 2 3
	Arme nach vorne gehalten und gestreckt über Boden	4
	Arme nach hinten nehmen, um abzustützen, Arme aufsetzen	5
	beim Aufsetzen und Abdrücken durch Hände Schulter/Ellbogengelenk strecken; Aufschwingen in Handstand einleiten	6 7
	Ellbogengelenke durchdrücken, in Handstand aufschwingen	8
MH	Vormachen (evtl. auch durch guten Schüler), Turnmatten, Sprungbrett (Reutherbrett)	
DM	Anfänger bekommen zunächst 2 Hilfestellungen	

OR **Übung 1**

Zeit: 10–12 min.; Helfer austauschen
Ort: Halle
Ausführung: 4–5 Gruppen à 5–6 Schüler; 1 Gruppe ist z. B. reine Anfängergruppe mit 2 Hilfestellungen, die übrigen Gruppen haben immer nur 1 Hilfestellung; Schüler 1 setzt sich rückwärts auf erhöhte/schräge Turnmatte (Reutherbrett darunter), Hilfestellung greift bei Rückwärtsbewegung ein und hilft an Fußgelenken (Klammergriff) nach oben, 2 Turnmatten längs hintereinander (erste Turnmatte mit Reutherbrett)

		Helfer	
S3, S2, S1 etc.	**Turner**		2 Hilfestellungen falls z. B. Anfängergruppe
		Helfer	1 Hilfestellung falls bessere Gruppe
S3, S2, S1 etc.	**Turner**		
S3, S2, S1 etc.			

Abstand: Barren–Barren ca. 3–4 m

Gerätturnen

Übung 2

Zeit: 8–10 min.
Ort: Halle
Ausführung: siehe **Übung 1**, allerdings ohne Hilfestellung
(Anfänger nur noch 1 Hilfestellung)

Übung 3

Zeit: 8–10 min.
Ort: Halle
Ausführung: siehe **Übung 2**, allerdings ohne Schräge, versuchen, im Handstand 2–3 sec. stehen zu bleiben

Flugrolle

Gerätturnen

UM	deduktiv	
SO	Ganzheitsmethode	
KK	kurzer schneller Anlauf	1
	von linkem/rechtem Bein in beidbeinigen Absprung einspringen	2
	Hände nach vorn-oben strecken, Körper leichte Beugung im Hüftbereich, ansonsten lang gestreckt (bogenförmige Flugphase)	3
	nach der kurzen bogenförmigen Flugphase wird mit Händen auf Boden aufgesetzt (Schwung abbremsen), der Hinterkopf setzt dann etwas hinter den Händen auf; Beine sind gestreckt	4 5
	Abrollen wie bei Rolle vorwärts, Endposition: Stand	6 7 8 9
MH	Vormachen (evtl. auch durch guten Schüler), Turnmatten, Kreide/Magnesia zur optimalen Passung	
DM	Kreidemarkierungen auf Turnmatten anbringen, je nach Könnensstufe näher/weiter weg	

OR **Übung 1**

Zeit: 5–6 min.
Ort: Halle
Ausführung: 4–5 Gruppen à 5–6 Schüler in Hockstand hinter Turnmatte setzen, kleinen Sprung mit Rolle machen; versuchen, Sprünge immer weiter zu machen, dabei Kreidemarkierungen auf Matten, diese Markierungen immer weiter nach hinten versetzen; versuchen, mit Händen hinter Markierungen aufzusetzen

S5, S4, S3, S2, S1

I = Kreidemarkierung
S5, S4, S3, S2, S1 etc.

Abstand: Mattenbahn–Mattenbahn ca. 3 m

Gerätturnen

Übung 2

Zeit: 10–12 min.
Ort: Halle
Ausführung: Gruppen siehe **Übung 1**, Gruppen stehen 5–6 m hinter Turnmatten, kurzer Anlauf, beidbeiniger Absprung, versuchen, hinter Kreidemarkierung Hände aufzusetzen

S5, S4, S3, S2, S1

S5, S4, S3, S2, S1 etc.

Abstand: Mattenbahn–Mattenbahn ca. 3 m

Übung 3

Zeit: 10–12 min.
Ort: Halle
Ausführung: siehe **Übung 2**, statt Kreidemarkierungen können gute Schüler eine Gruppe bilden, bei der sich 1 Mitschüler oder auch 2 und mehr quer auf Matte legen, andere Schüler müssen versuchen, Flugrolle über diese Schüler zu machen

Handstand

Gerätturnen

UM deduktiv

SO Ganzheitsmethode

KK Arme nach vorn-oben schwingen, dabei rechtes oder linkes Bein gleichzeitig nach oben (ca. bis rechter Winkel Unter-Oberschenkel) bringen [1]

gleichzeitiges, etwa schulterbreites Aufsetzen der Hände, ca. 50–60 cm vor rechtem Standbein, linkes Bein schnell nach hinten-oben führen (für besseren Schwung zum Aufschwingen in Handstand), Standbein leicht beugen, um Aufschwung zu unterstützen [2]

Turner steht senkrecht, Kopf zwischen Armen [3]

Abrollen: Endposition Stand, Arme nach oben oder Seithalte [4] [5]

MH Vormachen (evtl. auch durch guten Schüler), Turnmatten, Wand

DM weniger kräftige Schüler mit Hilfestellung

OR **Übung 1**

Zeit: 4–5 min.; Hilfestellung durchwechseln
Ort: Halle
Ausführung: 3er-Gruppen, wenn dies nicht aufgeht auch z. B. eine 4er-Gruppe (dann üben immer 2 Schüler hintereinander); Schüler schwingt mit Hilfe der Helfer in Handstand an Wand auf, Schwächere zunächst ohne aufzuschwingen, sondern nur Hände parallel auf Boden ca. 50 cm vor Wand aufstützen, Helfer helfen ihm hoch in Stand; Schüler muss versuchen, sich selbst zu stützen; etwa 5–8 sec. verharren, kurze Pause, das Ganze etwa 3–4 Mal durchwechseln; Turnmatten können auch vor Wand gelegt werden, zum Erlernen (Gewöhnung) ist direkter Bodenkontakt allerdings besser!

```
Helfer
Schüler     W
Helfer      A
Helfer      N
Schüler     D
Helfer etc.
```

Abstand: Schüler–Schüler ca. 2–3 m

Gerätturnen

Übung 2

Zeit: 12–14 min.; Helfer durchwechseln
Ort: Halle
Ausführung: (siehe oben), 4er/3er-Gruppen; nur 1 Hilfestellung; Hilfestellung allmählich reduzieren

```
S3, S2, S1      W
   Helfer       A
S3, S2, S1      N
   Helfer etc.  D
```

Übung 3

Zeit: unbegrenzt, je nach dem wie viel Zeit zur Verfügung steht
Ort: Halle
Ausführung: ohne Wand auf Turnmatten

Handstützüberschlag vorwärts

Gerätturnen

UM	deduktiv
SO	Ganzheitsmethode
KK	zügiger Anlauf, Auftakthüpfer [1] [2] [3]
	Hände werden sehr schnell zum Handstand aufgesetzt [4]
	kurzer, aber sehr kräftiger Abdruck von linkem oder rechtem Bein (je nach Auftakthüpfer), Arme durchgedrückt mit kräftigem Abdruck [4] [5]
	Körper auch jetzt in der Flugphase gestreckt/angespannt [6] [7]
	Turner versucht, Übung in Stand zu beenden [8]
MH	Vormachen (evtl. auch durch guten Schüler), einfaches Kastenoberteil (quer) als Erhöhung (längere Flugphase), Turnmatten, Weichbodenmatten oder 2 Turnmatten übereinander
DM	Einteilung in Anfänger und Fortgeschrittene; Kastenoberteil quer niedrig + Kastenoberteil längs niedrig etc.; Anfänger zunächst durch Hilfestellung langsam an Bewegung heranführen – den Turner quasi „mittragen" an Rücken und Gesäß
OR	**Übung 1**

      Zeit: 10–12 min.; Hilfestellung durchwechseln
      Ort: Halle
      Ausführung: 5er–7er-Gruppen; Schüler, besonders Anfänger zunächst aus Stand Handstützüberschlag mit Hilfe der Helfer in Zeitlupe ausführen, nach 3–4 Durchgängen mit Anlauf, Überschlag erfolgt auf Kastenoberteil; **Helfer** müssen **aufmerksam** sein und kräftig unterstützen!

Anfänger: S4, S3, S2, S1

Helfer 1 / Helfer 2 — Kasten quer — Matte evtl. Weichbodenmatte

Fortgeschrittene: S4, S3, S2, S1

Helfer — Kasten quer — Matte evtl. Weichbodenmatte

      Abstand: z. B. Anfänger–Fortgeschrittene ca. 3–4 m

Gerätturnen

BB

Übung 2

OR

Zeit: 12–12 min.; Helfer durchwechseln
Ort: Halle
Ausführung: Helfer allmählich ganz abbauen, Kasten bleibt als Hilfe für alle; evtl. 1 Helfer als Sicherheit belassen (wo nötig)

Übung 3

OR

Zeit: 10–12 min.; Helfer durchwechseln
Ort: Halle
Ausführung: Kasten abbauen, auf Turnmatten (2 oder mehrere hintereinander), Hände aufsetzen

Helfer (falls nötig)

S3, S2, S1 etc.

S3, S2, S1 etc.

Kopfstand

Gerätturnen

UM deduktiv

SO Ganzheitsmethode

KK Ausgangsstellung: Hocke [1]

Hände so aufsetzen, dass Kopf und Hände die Ecken eines Dreiecks bilden, Unter-Oberschenkel angewinkelt wie in Hocke [2]

Beine anheben bis zur Körperstreckung, Fußspitzen nach oben [3]

Abrollen, dabei Kopf auf Brust – runder Rücken [4]

Abschlussposition: wieder Hocke oder Stand [5]

MH Vormachen (evtl. auch durch guten Schüler), Turnmatten, Kreide

DM Anfänger mit Hilfestellung, Könner auch alleine, Könner sollten im Übungsverlauf verstärkt als Hilfestellung dienen

OR **Übung 1**

Zeit: 6–10 min.; Hilfestellung durchwechseln
Ort: Halle
Ausführung: 4er-8er-Gruppen; mit Kreide Dreieck aufzeichnen (durch Lehrer); 3 Matten, an beiden Mattenenden turnen; Anfänger zunächst auf Knien statt in Hocke; Hände seitlich, aber hinter Kopf aufstützen (Dreieck); 2 Helfer ziehen Turner an Fußfesseln nach oben, Turner hilft durch Drücken der Hände gegen Boden; Fortgeschrittene können bereits Kopfstand aus Hocke heraus alleine gegen Wand üben; Könner üben ein paar Mal für sich und leisten dann Hilfestellungen

Anfänger
S3, S2, S1 etc.   Helfer – Turner – Turner – Helfer   **S1, S2, S3** etc.
(Helfer oben und unten an beiden Turner-Positionen)

Fortgeschrittene: Üben gegen Wand (evtl. partnerweise – 1 Turner, 1 Hilfestellung)

Könner
S3, S2, S1 etc.   Turner – Turner   **S1, S2, S3** etc.

Abstand: Schüler–Schüler/Matten–Matten so wählen, dass keine Behinderungen entstehen

Gerätturnen

Übung 2

Zeit: 10–14 min.; Helfer durchwechseln
Ort: Halle
Ausführung: 4er-8er-Gruppen; 3 Matten, an Mattenenden turnen; aus Hockstellung Hände nach vorn, seitlich, aber hinter Kopf (Dreieck), 2 Helfer/1 Turner; Hilfestellungen ziehen Turner an Fußfesseln hoch; Turner hilft durch Drücken der Hände gegen Boden; Fortgeschrittene turnen aus Hockstellung auf Turnmatten ohne Hilfestellung oder mit 1 Hilfestellung; Könner zeigen Anfängern noch mal Kopfstand, dienen sonst als Hilfestellung

	Helfer		Helfer	
S3, S2, S1 etc.	Turner		Turner	**S1, S2, S3** etc.
	Helfer		Helfer	

S3, S2, S1 etc.	Turner	Turner	**S1, S2, S3** etc.
	max. 1 Helfer	max. 1 Helfer	

Könner: S3, S2, S1 etc.   **Turner** etc.

Abstand: Schüler–Schüler/Matten–Matten so wählen, dass keine Behinderungen entstehen

Übung 3

Zeit: keine Zeitangabe; Helfer durchwechseln
Ort: Halle
Ausführung: Jeder versucht den Kopfstand alleine. Wer es noch nicht alleine schafft, erhält Hilfestellung.

Kopfstützüberschlag

Gerätturnen

UM deduktiv

SO Ganzheitsmethode

KK
- aus Hocke leichter Sprung (beidbeinig) nach vorn — 1
- Aufsetzen der Hände seitlich neben Kopf, rechter Winkel zwischen Beinen und Oberkörper — 2
- starker Abdruck der Hände von Boden, Hüftstreckung — 3 4
- starker Abdruck der Hände, Flugphase bis Stand — 5 6

MH Vormachen (evtl. auch durch guten Schüler)
Kastenoberteile, Weichbodenmatte (falls nicht vorhanden, 2 Turnmatten übereinander)

DM verschiedene Kastenhöhen, Anfänger höher mit 2 Hilfestellungen, später nur 1 Hilfestellung, Kasten niedriger, dann auf Boden wieder mit 2 Hilfestellungen anfangen etc.; Anfänger bei ersten Versuchen (**Übung 1**) mit Hilfestellungen langsam Bewegungsablauf (quasi Zeitlupe) durchführen!

OR **Übung 1**

Zeit: 10–12 min.; Hilfestellung durchwechseln
Ort: Halle
Ausführung: 6er–14er-Gruppen, je nach Kastenanzahl kleinere/größere Gruppen; **vor allem mit Anfängern**: auf 2–3-teiligen Kasten + Oberteil Kopfstand, Beine in rechtem Winkel nach hinten absenken, mit Hilfestellungen (links/rechts) Bewegungsablauf 1–2 Mal in Zeitlupe ausführen; danach, falls möglich, bereits aus Hockposition nach vorn fallen lassen in rechtwinklige Position (Beine–Rumpf), Hüfte explosionsartig strecken, wobei **Hilfestellungen** Turner an **Hüfte** und **Schulter** unterstützend „tragen"

Helfer 1

S3, S2, S1 etc.   Turner / Kasten 3–4 Teile hoch   Weichboden- oder 2–3 Turnmatten übereinander

Helfer 2

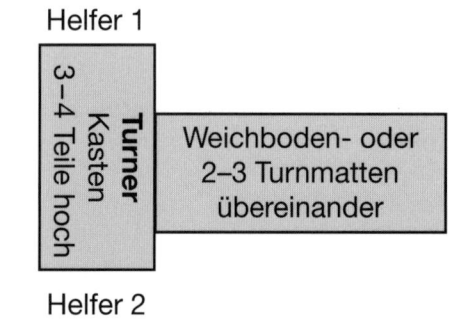

S3, S2, S1 etc.

Abstand: Schüler–Schüler ca. 3–4 m

Gerätturnen

Übung 2

Zeit:	10–14 min.; Helfer durchwechseln
Ort:	Halle
Ausführung:	6er–14er-Gruppen, je nach Kastenanzahl größere/kleinere Gruppen; nur Kastenoberteil (längs, evtl. quer legen); aus Hockposition nach vorn fallen lassen in rechtwinklige Position (Beine–Rumpf), Hüfte explosionsartig strecken, wobei Hilfestellungen Turner an Hüfte und Schulter unterstützen (vor allem ab Bild 3); bei Schwierigkeiten Turner noch „tragen"

S3, S2, S1 etc.

Helfer
Turner / Kasten — Turnmatte
Helfer

Abstand: Schüler–Schüler/Matten–Matten so wählen, dass keine Behinderungen entstehen

Übung 3

Zeit:	keine Zeitangabe
Ort:	Halle
Ausführung:	6er–14er-Gruppen; aus Stand statt aus Hocke

Christoph Becker: Handbuch der Sportmethodik · Band 2 · Best.-Nr. 623 · © Brigg Pädagogik Verlag GmbH, Augsburg

Rad

Gerätturnen

UM	deduktiv
SO	Teillernmethode/Ganzheitsmethode
KK	(hier) linker Fuß setzt zuerst auf — 1
	linker Fuß setzt auf, Ausrichtung des Körpers nach linker Seite, linke Hand setzt auf Boden auf, Beine beginnen Grätschstellung — 2
	rechte Hand setzt nach, Beine in Grätschstellung, Körper gerade — 3
	rechtes Bein relativ dicht hinter rechte Hand aufsetzen, Körper gerade — 4, 5
	Endposition: Arme gestreckt nach oben oder in Seithalte — 6
MH	Vormachen (evtl. auch durch guten Schüler), Linien des Hallenbodens als Orientierung, Wand als Orientierung (gerades Ausrichten des Körpers), Turnmatten
DM	Anfänger beginnen mit **Übung 1**, Fortgeschrittene mit **Übung 2**
OR	**Übung 1**

Zeit: 6–10 min.; Kontrollschüler durchwechseln
Ort: Halle
Ausführung: 4–6 Gruppen à 3–5 Schüler (je nach Klassenstärke), Schüler turnen Rad von Kastenoberteilenden herunter; zunächst flaches Rad, allmählich in Senkrechte steigern; mindestens 1 Kontrollschüler, der verbessert (Beine gerade, Arme strecken etc.); (falls weniger oder kein Kasten zur Verfügung stehen, z. B. 2 Turnmatten übereinander = Erhöhung = Erleichterung); zeitversetzt immer abwechselnd turnen (sich nicht in die Quere kommen!)

```
                          Kontrollschüler
                          ┌──────────────┐
                          │   Turner     │
S3, S2, S1    Turner      │ Kastenoberteil│    S1, S2, S3
                          └──────────────┘
```

Abstand: Kastenoberteil/Turnmatte–Kastenoberteil/Turnmatte ca. 4 m
Kastenoberteile/Turnmatten so verteilen, dass genügend Platz zum Turnen vorhanden ist, d. h. auch frei in Halle verteilen

Gerätturnen

Übung 2

Zeit: 8–10 min.; Helfer durchwechseln
Ort: Halle
Ausführung: 4–6 Gruppen à 3–5 Schüler (je nach Klassenstärke) üben auf leicht schräger Matte; versuchen Beine zu strecken, 1 Kontrollschüler; Mattenschräge z. B. durch Unterlegen von anderer Matte quer!

	Turner	Kontrollschüler	Turner	
Schüler 2, 1				**Schüler 1, 2**
Schüler 2, 1 etc.				

Abstand: Matte–Matte ca. 2–3 m

Übung 3

Zeit: 8–10 min.; Kontrollschüler durchwechseln
Ort: Halle
Ausführung: 4–6 Gruppen à 3-5 Schüler (je nach Klassenstärke) üben auf Linien gemäß **KK**, 1 Kontrollschüler

		Kontrollschüler		
S3, S2, S1	**Turner**		**Turner**	**S1, S2, S3**
S3, S2, S1 etc.				

Übung 4

Ort: Halle
Ausführung: siehe **Übung 3**, nur auf Turnmatten

Radwende

Gerätturnen

UM	deduktiv
SO	Ganzheitsmethode
KK	zügiger, kurzer Anlauf [1]
	Auftakthüpfer [2]
	Hände so aufsetzen, dass rechte Hand vor linke, etwa schulterbreit (seitliches Aufsetzen der Hände) [3]
	Schwungbein abbremsen, Abdruckbein (links) an Schwungbein schlagen, Handabdruck beidhändig, Beugen der Hüften, Beine parallel geschlossen nach unten führen (schlagen), Drehung des Körpers um Breitenachse [3] [4]
	beidbeinige Landung [5]
MH	Vormachen (evtl. auch durch guten Schüler), Magnesia/Kreide, Kleinkästen, Kastenoberteile
DM	Anfänger führen Gesamtbewegung in „Zeitlupe" mit Hilfe der Helfer durch
OR	**Übung 1**

Zeit: 8–10 min.; Helfer durchwechseln
Ort: Halle
Ausführung: 6–12er-Gruppen, je nach Mattenzahl kleinere/größere Gruppen; in seitlichen Handstand aufschwingen (Bild 3), Helfer halten Turner an Füße (**3**) (an Fußfesseln) fest, wenn er im Handstand steht; langsame Vierteldrehung mit Helferhilfe, die Turner über Hüftbeugung in Endposition bringen (langsam – quasi tragen!); Fortgeschrittene üben bereits ohne Hilfe (von beiden Mattenenden aus üben); evtl. 2 Puffermatten!!!)

Anfänger
S3, S2, S1 etc.   **Turner**   [Helfer | Puffermatte(n) | Helfer / Helfer ... Helfer]   **Turner**   **S1, S2, S3** etc.

Fortgeschrittene
S3, S2, S1 etc.

Abstand: Mattenbahn–Mattenbahn ca. 2–3 m

Gerätturnen

Übung 2

Zeit:	8–12 min.
Ort:	Halle
Ausführung:	6–12er-Gruppen, je nach Mattenzahl kleinere/größere Gruppen; Turner turnen Radwende über Erhöhung, Anfänger über Kleinkasten (probieren selbstständig, versuchen, immer geradere Körperposition zu erreichen), Kontrollschüler (Könner) geben Rückmeldung, Fortgeschrittene über Kastenoberteil, Könner bereits auf Mattenbahn; ohne Helfer; Anfänger/Fortgeschrittene kommen erst allmählich in die Senkrechte, d.h. gerade Position des Körpers! mit Kurzanlauf + Auftakthopser turnen

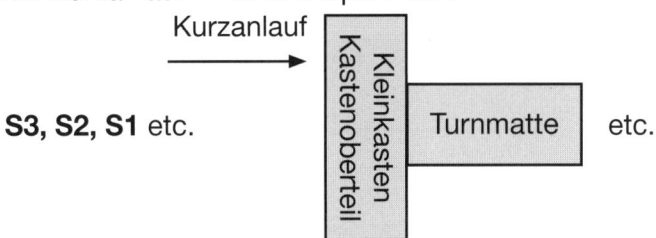

S3, S2, S1 etc. Kurzanlauf → Kleinkasten Kastenoberteil Turnmatte etc.

Könner turnen dies auf Mattenbahn (4–6 Matten) von 2 Seiten!

Abstand: Matte–Matte ca. 2–3 m

Übung 3

Ort: Halle
Ausführung: siehe **Übung 2**, Anfänger steigen nach Möglichkeit auf Kastenoberteil um, Fortgeschrittene auf Mattenbahn, d. h. immer weniger Erleichterungen anbieten!

Rolle rückwärts

Gerätturnen

UM	deduktiv
SO	Ganzheitsmethode
KK	Ausgangsstellung: Hocke [1]
	nach hinten abrollen, Kopf auf Brust, Hände flach neben die Ohren setzen [2]
	vom Boden hoch drücken [3]
	nach oben kommen [4]
	Endposition: Stand, Arme in Seithalte oder parallel nach oben [5]
MH	Vormachen (evtl. auch durch guten Schüler) Turnmatten, Reuther- /Sprungbrett
DM	Matten mit Schräge für Anfänger
OR	**Übung 1**

Zeit: 6–10 min.; Kontrollschüler durchwechseln
Ort: Halle
Ausführung: 4–6er-Gruppen, je nach Mattenanzahl kleinere/größere Gruppen
Anfänger: 2 Helfer unterstützen Turner bei Rückwärtsrolle (an Oberschenkel und Gesäß); aus Sitzen heraus turnen auf Mattenschräge (Reutherbrett unterlegen oder Matte quer, sodass Schräge entsteht!)

Anfänger
S3, S2, S1 etc.   Turner →   Helfer   Helfer   ← Turner   S1, S2, S3 etc.
                                   Helfer   Helfer

Fortgeschrittene: siehe Anfänger, nur ohne Helfer
(evtl. noch mit Mattenschräge)

Könner: siehe Fortgeschrittene, ohne Mattenschräge, ohne Helfer

Abstand: Matten–Matten ca. 3 m

Gerätturnen

Übung 2

Zeit: 8–12 min.; Helfer durchwechseln
Ort: Halle
Ausführung: 8–12er-Gruppen, je nach Mattenanzahl kleinere/größere Gruppen
Anfänger: 2 Helfer unterstützen Turner bei Rückwärtsrolle, im Anschluss macht jeder noch mit Schwung von erster Rolle weitere Rolle; erste Rolle aus Sitzen heraus turnen (Mattenschräge), evtl. unter flache Matten noch Zwischenmatte/Reutherbrett unterlegen!

Fortgeschrittene
S3, S2, S1 etc. Turner ⟶ ⟵ Turner S1, S2, S3 etc.
(Helfer an den Längsseiten der Matten)

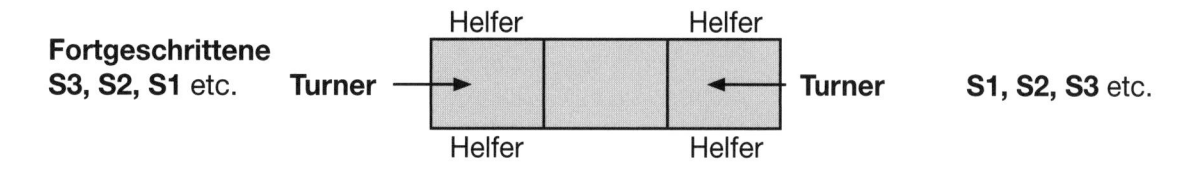

Abstand: Matten–Matten ca. 3 m

Übung 3

Zeit: 8–12 min.
Ort: Halle
Ausführung: Kombination aus Rückwärts-/Vorwärtsrolle; Schüler versuchen Vorwärtsrolle, im Anschluss direkt Rückwärtsrolle, dann evtl. 2 Vorwärts-, 2 Rückwärtsrollen; Mattenbahn entsprechend verlängern! Für manche Schüler evtl. noch mit Mattenschräge!

Rolle vorwärts

Gerätturnen

UM	deduktiv
SO	Ganzheitsmethode
KK	aus Hocke heraus Hände etwas hinter dem Kopf aufsetzen (in Turnrichtung), Fingerspitzen zeigen nach vorne ①②
	Nacken aufsetzen (etwas vor den Händen) Kopf auf Knie ziehen = durch Einrollen ③
	Händeverlagerung nach vorne (Aufstehen ohne Händeeinsatz) ④
	Endposition: Stand, Arme in Seithalte oder an Körper angelehnt ⑤
MH	Vormachen (evtl. auch durch guten Schüler), Turnmatten, Sprungbrett (Reutherbrett)
DM	Matten mit und ohne Schräge für gute und schlechte Schüler Anfänger: zunächst Rückenschaukel Anfänger mit Schwierigkeiten bei Rolle: mit Schräge Könner als Helfer einsetzen!

OR

Übung 1

Zeit: 6–10 min.; Helfer durchwechseln
Ort: Halle
Ausführung: 4–6er-Gruppen, je nach Mattenanzahl kleinere/größere Gruppen; Anfänger: Rückenschaukel (auf Rücken legen, Hände an vordere Fußfessel oder Schienbein und hin- und her schaukeln) immer stärker, 1 Helfer unterstützt evtl. Schwingung der Rückenschaukel; Fortgeschrittene üben Rolle vorwärts (evtl. noch mit Mattenschräge = Matte/Reutherbrett unter flache Turnmatte unterlegen), Lehrer erklärt hier Hilfestellung

Anfänger: S2, S1 — Turner — Turner — S1, S2
Helfer (bei Rückenschaukel) Helfer

Fortgeschrittene: S2, S1 — Turner — Turner — S1, S2

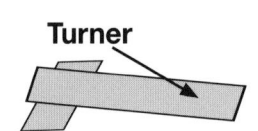

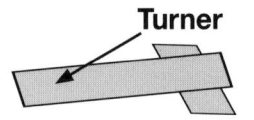

Könner: üben Rollen vorwärts z. B. auf 3er Mattenbahn, betätigen sich als Helfer

Abstand: Matten–Matten ca. 3 m

Gerätturnen

Übung 2

Zeit: 8–12 min.; Helfer durchwechseln
Ort: Halle
Ausführung: 4–6er-Gruppen, je nach Mattenanzahl kleinere/größere Gruppen; Anfänger: üben mit 1–2 Helfer Rolle vorwärts auf Mattenschräge; Turner geht in Hocke, beginnt Rolle auf Kopf, Helfer stützt an Rücken, so dass Turner sanft abrollt!
Fortgeschrittene üben Rolle vorwärts auf normalen Turnmatten

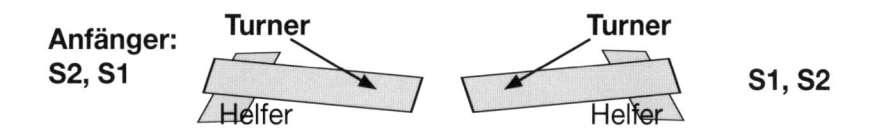

Anfänger: S2, S1 — Turner / Helfer — S1, S2

Fortgeschrittene: üben Rolle vorwärts auf 3–4er Mattenbahn, auch mehrere Rollen hintereinander
Könner: üben Rollen auch mit menschlichen Hindernissen; Schüler legen sich quer (auf Bauch) über Matten, Turner macht Rolle über diese hinweg (Hinführen zur Flugrolle)

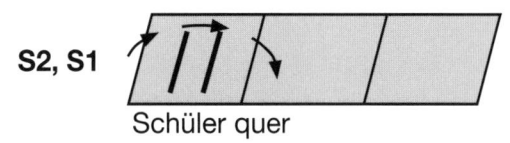

S2, S1 — Schüler quer

Abstand: Matten–Matten ca. 3 m

Übung 3

Zeit: keine Zeitangabe
Ort: Halle
Ausführung: Alle sollten jetzt auf flachen Mattenbahnen Rollen üben, insbesondere auch mehrere Rollen hintereinander; 1 Station evtl. noch mit Mattenschräge + evtl. Helfer für unsichere Schüler bereithalten

3.1.4 Reck

Felgunterschwung aus Schrittstellung in Stand — Gerätturnen

UM deduktiv

SO Teillernmethode/Ganzheitsmethode

KK
- Ausgangsstellung: vorlings, Ristgriff/Arme gestreckt, Schrittstellung, schnelles Vorschwingen des hinteren Beins [1]
- Standbein mit nach vorn-oben bringen, Hüftbeugung, Oberschenkel möglichst nahe an Reckstange [2]
- beim Vorschwingen, etwa kurz nach Unterquerung der Reckstange schnelle Streckung des Körpers [3]
- Arme und Körper in leichter Überstreckung, Loslassen der Reckstange [4]
- sanfte Landung durch Abfedern in Knie und Hüfte [5]

MH Vormachen (evtl. auch durch guten Schüler); Turnmatten, Kreide/Magnesia, Reckstange etwa auf Brusthöhe

DM keine erforderlich

OR **Übung 1**
- **Zeit:** 4–5 min.; Helfer durchwechseln
- **Ort:** Halle
- **Ausführung:** 6–14er-Gruppen, je nach Reckanzahl; 2 Schüler umfassen Reckstange (brusthoch) mit beiden Händen, unter Reckstange vorlaufen bis Streckung des Körpers erreicht ist; 2–3 Mal wiederholen; Reckstange nicht loslassen; Helfer passt auf, dass im Falle eines Abrutschens von Stange Turner nicht zu hart auf Matte fällt

```
                Helfer
S3, S2, S1 etc.        ⟶ Vorlaufen
S3, S2, S1 etc.        ⟶ Vorlaufen   Helfer
S3, S2, S1 etc.
```

Gerätturnen

Übung 2

Zeit: 12–16 min.; Helfer durchwechseln
Ort: Halle
Ausführung: 6–14er-Gruppen, je nach Reckanzahl; Turner führen Felgunterschwung an Reck aus; Hilfestellung durch 2 Helfer, die an Schulter und Gesäß mit Handinnenflächen unterstützen (tragen); Fortgeschrittene können auch ohne Helfer turnen! Möglichst alle zur Verfügung stehenden Recks aufbauen!

```
                        Helfer
S3, S2, S1 etc.    |
                        Helfer

                        Helfer
S3, S2, S1 etc.    |
                        Helfer

    etc.
```

Übung 3

siehe **Übung 2**, mit Magnesia/Kreide Markierungen auf Turnmatten anbringen. Aufgabe: Schüler muss hinter Markierung landen; Fortgeschrittene diese Übung auch ohne Helfer turnen lassen.

Felgunterschwung aus Stütz in Stand

Gerätturnen

UM deduktiv

SO Ganzheitsmethode

KK Arme während gesamter Übung in Streckung halten! Stütz als Ausgangsposition; nach hinten nehmen der Schultern, Kinn auf Brust drücken — 1

Beine an Reckstange halten – in Waagerechte im Oberschenkelbereich (90° Winkel Oberkörper–Beine), Runterfallen in Senkrechte (Beugesturzhang) — 2 3

Hüften strecken, Arme zurückdrücken, Körperstreckung — 4

etwas oberhalb der Waagerechten Loslassen der Reckstange — 4 5

im weiteren Verlauf fliegt Körper gestreckt von Arme bis Füße zur Landung — 6 7 8

MH Vormachen (evtl. auch durch guten Schüler); evtl. auch mit Hochreck, Turnmatten, Kreide/Magnesia

DM Anfänger: Hilfestellungen unbedingt nötig; Gesamtbewegung zunächst mit Hilfe der Helfer sehr langsam ausführen (Helfer müssen Kraft aufwenden, um Turner zu „tragen")

OR **Übung 1**

Zeit: 10–14 min.; Helfer durchwechseln
Ort: Halle
Ausführung: 6–14er-Gruppen, je nach Reckanzahl; Turner lässt sich aus Stütz in Beugesturzhang pendeln, streckt sich zu voller Körperstreckung; Helfer links und rechts helfen an Rücken und Oberschenkelrückseite mit Handinnenflächen, um den Turner zur Landung zu „tragen". Möglichst alle zur Verfügung stehenden Recks aufbauen!

```
                        Helfer
    S3, S2, S1 etc.   |
                        Helfer

                        Helfer
    S3, S2, S1 etc.   |
                        Helfer

    etc.
```

Gerätturnen

BB

OR

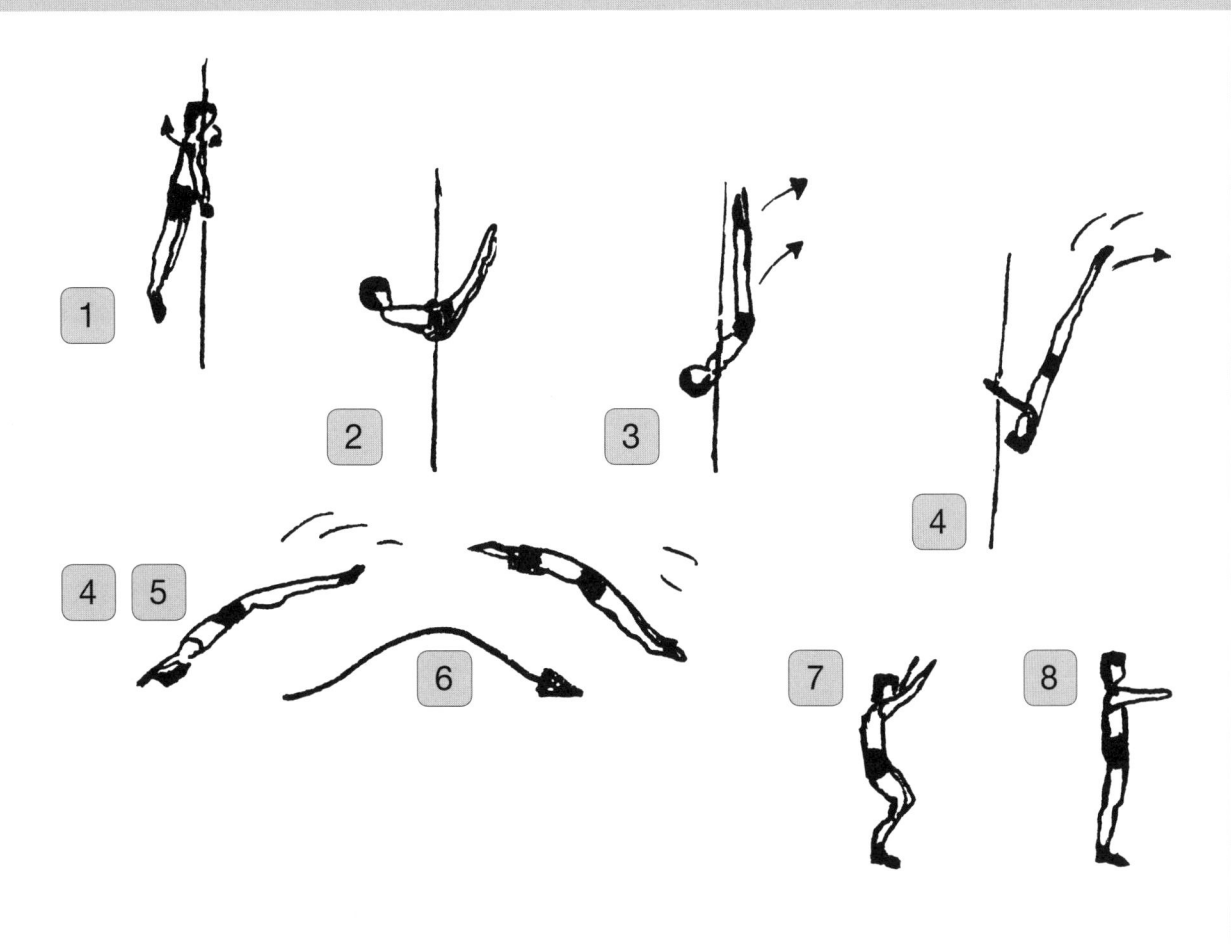

Übung 2

Zeit: 10–14 min.; Helfer durchwechseln
Ort: Halle
Ausführung: 6–14er-Gruppen, je nach Reckanzahl; Turner lässt sich aus Stütz in Beugesturzhang pendeln, streckt sich zu voller Körperstreckung; Helfer (nur noch einseitig, wo dies nicht ausreicht noch 2 Helfer) helfen an Rücken und Oberschenkelrückseite mit Handinnenflächen, aber nur leichte Hilfestellung! Dafür muss Turner noch nicht raumgreifend (kleiner Unterschwung), aber technisch ordentlich turnen

```
                           Helfer
   S3, S2, S1 etc.           |


   S3, S2, S1 etc.           |
                           Helfer
```

Übung 3

OR

Zeit: keine Zeitangabe; Helfer durchwechseln
Ort: Halle
Ausführung: siehe **Übung 2**, mit Magnesia/Kreide Markierungen auf Turnmatte auftragen, hinter diesen müssen Schüler landen; Markierungen zu Beginn nicht zu weit machen! Wo dies noch nicht gut genug klappt, weiter wie bei **Übung 2** üben!

Felgunterschwung aus Stütz mit halber Drehung in Stand

Gerätturnen

UM	deduktiv
SO	Teillernmethode/Ganzheitsmethode
KK	Arme während gesamter Übung gestreckt halten! Stütz als Ausgangsposition; Schultern nach hinten nehmen, Kinn auf Brust drücken [1]
	Beine an Reckstange halten–Waagerechte im Oberschenkelbereich (90° Winkel Oberkörper – Beine), Runterfallen in Senkrechte (Beugesturzhang) [2] [3]
	Hüften strecken, Arme zurückdrücken, Körperstreckung [4]
	etwas oberhalb der Waagrechten Loslassen der Reckstange [4] [5]
	Drehung nach links oder rechts einleiten durch leichte Bewegung in Hüfte, Kopf mit in entsprechende Richtung führen [6] [7]
	spätestens mit Landung ist halbe Drehung beendet [8]
MH	Vormachen (evtl. auch durch guten Schüler), evtl. auch mit Hochreck; Turnmatten, Kreide/Magnesia, Weichbodenmatte
DM	Anfänger: Hilfestellungen unbedingt ab Übung 2; Gesamtbewegung zunächst mit Hilfe der Helfer sehr langsam ausführen (Helfer müssen Kraft aufwenden); Reck zunächst sehr niedrig!
OR	**Übung 1** **Zeit:** 8–10 min.; Helfer nur bei Bedarf als psychische Sicherheit **Ort:** Halle **Ausführung:** 6–14er-Gruppen, je nach Reckanzahl/Klassenstärke; Hang an Reckstange (niedriges Reck = Beine anwinkeln), 2 Mal **leicht** hin- und herpendeln, versuchen, beim Nach-vorne-Pendeln zu drehen, Arme an Reckstange so umsetzen, dass jetzt in entgegengesetzte Richtung gependelt wird (Gewöhnung an Drehung); nach 2–3 Durchgängen aus leichtem Pendeln nach vorne mit leichter Drehung nach links/rechts loslassen, auf Matte landen, Pendeln während der Übung verstärken; ohne Helfer! Anfänger können erst auch aus ruhigem Hang probieren, die Richtung zu wechseln.

S3 S2 S1 | | S3 S2 S1 | Turn- oder Weichbodenmatte

Gerätturnen

Übung 2

Zeit: 10–14 min.; Helfer durchwechseln
Ort: Halle
Ausführung: 6–14er-Gruppen, je nach Reckanzahl/Klassenstärke; Turner lässt sich aus Stütz in Beugesturzhang pendeln, streckt sich zu voller Körperstreckung; Helfer links/rechts unterstützen an Rücken und Oberschenkelrückseite mit Handinnenflächen, um Turner zur Landung zu „tragen", wobei Turner hier kurz vor Loslassen schon leichte Bewegungen auf die Seite der gewünschten Drehung macht *(noch nicht raumgreifend turnen, d. h. weiter Felgunterschwung, es sei denn es wird bereits gekonnt)*

```
                          Helfer
   ... S3 S2 S1        |  Turnmatten
                          Helfer
                          Helfer
   ... S3 S2 S1        |  Turnmatten
                          Helfer
```

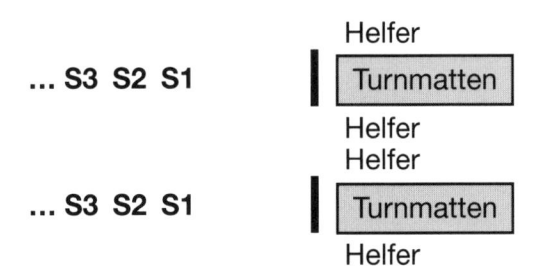

Übung 3

Ausführung: siehe **Übung 2**, mit Magnesia/Kreide Markierungen auf Turnmatte zeichnen, versuchen, hinter dieser Markierung zu landen, Markierung schrittweise weiter setzen, wenn dies nicht klappt, wie bei **Übung 2** weiter üben, allmählich Helfer abbauen.

Hocke

Gerätturnen

UM	deduktiv
SO	Teillernmethode/Ganzheitsmethode
KK	aus Stütz wird vor- und zurückgeschwungen (wichtig um genügend Schwung zu bekommen); Körper an Reckstange [1] [2]
	beim Rückschwung werden die Beine und gesamter Körper gestreckt [3]
	wenn der Körper in Streckung über die Waagrechte gekommen ist, werden die Beine angehockt, Gesäß höher als Kopf [3] [4]
	durch den Schwung nach vorne können Hände jetzt losgelassen werden; Körper hockt über Reckstange [5]
	Arme werden nach vorne-oben genommen; Turner versucht, möglichst ohne zu viel zu schwanken, in Stand zu kommen [6] [7]
MH	Vormachen (evtl. auch durch guten Schüler), Kasten, Turnmatten, Weichbodenmatte
DM	niedrige Reckstange auch für Fortgeschrittene, Stütz muss noch möglich sein
OR	**Übung 1**

       Zeit: 6–10 min.; Helfer durchwechseln
       Ort: Halle
       Ausführung: 6er–14er-Gruppen, je nach Reckanzahl; Reckstange ganz tief, Kasten hinter Reckstange etwas tiefer als Reckstange stellen; Turner setzt sich in Hockstellung auf Kasten, gestreckte Arme an Reckstange, lässt sich nach vorne fallen und hockt über die Stange; Helfer unterstützen mit Klammergriff an Oberarmen, ziehen Turner über Stange (Helfer gehen mit in Turnrichtung!)

Helfer

S3, S2, S1 etc.   Kasten | Weichbodenmatte quer hinter Reck

Helfer

S3, S2, S1 etc.

Gerätturnen

Übung 2

Zeit: 10–14 min.; Helfer durchwechseln
Ort: Halle
Ausführung: 6–14er-Gruppen, je nach Reckanzahl; Reckstangen etwas höher stellen, so dass Füße nicht mehr den Boden berühren; Turner ist im Stütz, versucht Hocke mit Hilfestellung (rechts/links); falls dies noch nicht gut klappt, noch mal vom Kasten wie in **Übung 1**

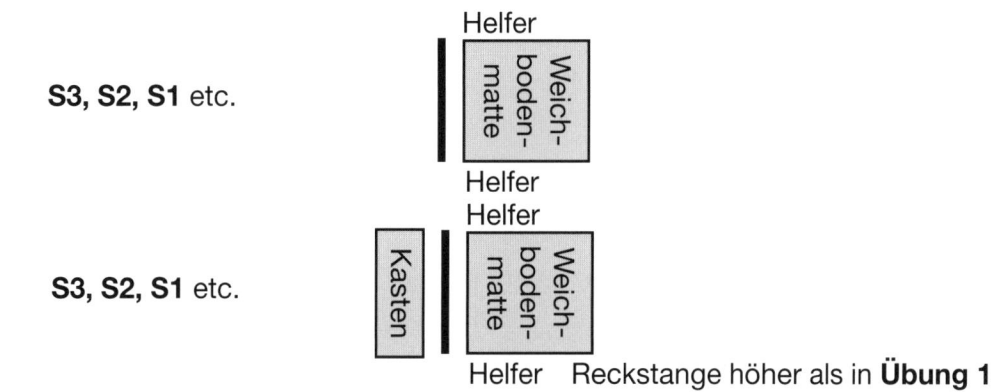

S3, S2, S1 etc.   Helfer | Weichbodenmatte
Helfer

S3, S2, S1 etc.   Helfer | Kasten | Weichbodenmatte
Helfer   Reckstange höher als in **Übung 1**

Übung 3

Ausführung: siehe **Übung 2**, Reckstange evtl. noch höher, Helfer reduzieren; falls Bewegungsablauf klappt, statt Weichboden normale Turnmatte nehmen!

Hüftaufschwung aus Stand – (mit Schwungbeineinsatz)

Gerätturnen

UM deduktiv

SO Ganzheitsmethode

KK Turner steht vor etwa Kopf hohem Reck unmittelbar vor Reckstange, Arme leicht angewinkelt am Reck, Schwungbein rechts (Standbein links) nach hinten zum Schwung holen führen [1]

rechtes Schwungbein jetzt nach vorne oben führen, Arme angewinkelt an Reckstange, linkes Standbein vom Boden lösen [2]

Beugen der Hüfte sowie der Schultergelenke, Körper kommt noch näher an Reckstange, Ellbogen leicht gebeugt [3]

Hüfte auf Reckstange, Beine gestreckt, Körper schwingt um Reckstange [4]

Hüfte strecken, um Schwung abzufangen; Endposition: Stütz [5]

MH Vormachen (evtl. auch durch guten Schüler), Turnmatten

DM Reckstangen auf verschiedene Höhen einstellen: Beispiel: Anfänger – brusthoch, Fortgeschrittene – kopfhoch

OR **Übung 1**

    Zeit: 8–10 min.; Helfer durchwechseln
    Ort: Halle
    Ausführung: 6–14er-Gruppen, je nach Reckanzahl; Reckstange auf Brusthöhe; Turner steht vor Reck, greift Reckstange, Arme leicht angewinkelt, linkes oder rechtes Bein als Schwungbein nach hinten zum Schwung holen, Schwungbein kräftig nach vorne oben um Reckstange schwingen, Helfer unterstützen je nach Könnensstufe mehr oder weniger die Aufwärtsphase an Oberschenkelrückseite und Gesäß, später, falls nötig, auch noch Schultervorderseite, falls Turner noch „hängt".

```
                         Helfer
   ... S3 S2 S1        |
                         Helfer
                         Helfer
   ... S3 S2 S1        |
                         Helfer
```

Gerätturnen

Übung 2

Zeit: 10–14 min.; Helfer durchwechseln
Ort: Halle
Ausführung: 6–14er-Gruppen, je nach Reckanzahl; Reckstange auf Kopfhöhe; wenn dies zu hoch ist, noch mal auf Brusthöhe stellen; Turner steht vor Reck, greift Reckstange, Arme leicht angewinkelt; linkes oder rechtes Bein als Schwungbein nach hinten zum Schwung holen, Schwungbein kräftig nach vorne oben um Reckstange schwingen, Unterstützung wie **Übung1**, allerdings allmählicher Abbau der Helfer, wenn noch nötig 2 Helfer einsetzen; so viele Recks wie möglich aufbauen; ansonsten ein niedrigeres und ein höheres Reck; Helfer stehen auf Abruf immer bereit.

```
... S3  S2  S1      |
                    | Helfer
... S3  S2  S1      |
```

Übung 3

Ausführung: siehe **Übung 2**, Reckstange etwas über Kopfhöhe stellen als weitere Übungseinheit, um Sicherheit zu erlangen.

Hüftaufschwung aus Stand
(ohne Schwungbeineinsatz)

Gerätturnen

UM	deduktiv
SO	Ganzheitsmethode
KK	Turner steht vor Kopf hohem Reck, unmittelbar vor Reckstange; Arme angewinkelt am Reck, beide Beine stehen parallel [1]
	Arme angewinkelt an Reckstange, Beine vom Boden lösen; Beugen der Hüfte sowie der Schultergelenke, Körper kommt jetzt näher an Reckstange, Ellbogen leicht gebeugt [2] [3]
	Hüfte auf Reckstange, Beine gestreckt, Körper schwingt um Reckstange [4]
	Hüfte strecken, um Schwung abzufangen; Endposition: Stütz [5]
MH	Vormachen (evtl. auch durch guten Schüler), Turnmatten
DM	Reckstangen: verschiedene Höhen einstellen: Beispiel: Anfänger – brusthoch, Fortgeschrittene – kopfhoch

OR   **Übung 1**

Zeit: 8–10 min.; Helfer durchwechseln
Ort: Halle
Ausführung: 6–14er-Gruppen, je nach Reckanzahl/Klassenstärke; Turner steht vor Reckstange, greift Reckstange, Arme leicht angewinkelt, Beine parallel, senkrecht zur Reckstange, ein Bein nach vorne–oben und um Reckstange bringen, dabei Unterstützung durch Hilfestellung an Oberschenkelrückseite und Gesäß, anderes Bein kommt automatisch nach, wenn Beine vom Boden weg sind, Kopf leicht nach hinten (Körper geht in der Regel Kopf nach).

```
                    Helfer
   S3 S2 S1           |           Reck 1 z. B. nur brusthoch
                    Helfer
                    Helfer
   S3 S2 S1           |           Reck 2 z. B. nur kopfhoch
                    Helfer
```

Falls möglich auch schon mit weniger oder keiner Hilfestellung turnen.

Gerätturnen

Übung 2

Zeit: 10–14 min.; Helfer durchwechseln
Ort: Halle
Ausführung: 6–14er-Gruppen, je nach Reckanzahl/Klassenstärke; Turner steht vor Reckstange, greift Reckstange, Arme leicht angewinkelt, Beine parallel, senkrecht zur Reckstange, beide Beine nach vorne–oben und um Reckstange bringen, dabei Unterstützung durch Hilfestellung, Kopf leicht nach hinten (Körper geht in der Regel seinem Kopf nach)

```
                    Helfer
S3  S2  S1            |           Reck 1 z. B. nur brusthoch
                    Helfer
                    Helfer
S3  S2  S1            |           Reck 2 z. B. nur kopfhoch
                    Helfer
```

Falls möglich auch schon mit weniger oder keiner Hilfestellung turnen.

Übung 3

Ausführung: siehe **Übung 2**, Hilfestellungen reduzieren

Hüftumschwung vorlings rückwärts

Gerätturnen

UM deduktiv

SO Ganzheitsmethode

KK Ausgangsposition: Stütz (Ristgriff) - Arme gestreckt, Hüftabknicken (nach vorne) ⟨1⟩ ⟨2⟩

starkes Abstoßen von der Reckstange nach hinten durch Streckung der Arme/Hüften; Arme/Schultern etwas nach vorn bringen (über die Reckstange) – Streckung bis Waagrechte und etwas darüber ⟨3⟩

Körper kommt dann wieder an die Reckstange ⟨4⟩ ⟨5⟩

Kopf/Schultern nach hinten nehmen, Körper während des Umschwungs möglichst gestreckt ⟨6⟩ ⟨7⟩

Endposition wieder Stütz ⟨8⟩ ⟨9⟩

MH Vormachen (evtl. auch durch guten Schüler), Turnmatten

DM Reckstangen: verschiedene Höhen einstellen; Beispiel: Anfänger – brusthoch, Fortgeschrittene – kopfhoch; geringere Höhe dient beim Erlernen des Hüftumschwungs vorlings rückwärts nicht der unmittelbaren Erleichterung, sondern der Psyche

OR **Übung 1**

Zeit: 8–10 min.; Helfer durchwechseln
Ort: Halle
Ausführung: 6-14er Gruppen, je nach Reckanzahl/Klassenstärke; Ausgangsposition: Stütz, Turner lässt sich nach vorne fallen (Körper vollständig gestreckt!) Körperspannung wichtig! Beim Erreichen der Senkrechten muss Turner Oberkörper zu den Beinen klappen; Hilfestellung unterstützt an Rücken, um Turner an Stange zu halten!

```
                        Helfer
        S3 S2 S1          |         Reck 1 z. B. brusthoch
                        Helfer
                        Helfer
        S3 S2 S1          |         Reck 2 z. B. kopfhoch
                        Helfer
```

Gerätturnen

Übung 2

Zeit: 12–16 min.; Helfer durchwechseln
Ort: Halle
Ausführung: 6–14er-Gruppen, je nach Reckanzahl/Klassenstärke; Ausgangsposition: Stütz, Hüfte abknicken, um nach hinten Schwung holen zu können (muss noch nicht bis in die Waagrechte sein), wieder nach vorne schwingen, Hüfte wieder an Reckstange; Hilfestellungen unterstützen jetzt kräftig an Rücken und Oberschenkel, um Turner um Reckstange zu führen

```
                    Helfer
S3 S2 S1            |           Reck 1 z. B. brusthoch
                    Helfer
                    Helfer
S3 S2 S1            |           Reck 2 z. B. kopfhoch
                    Helfer
```

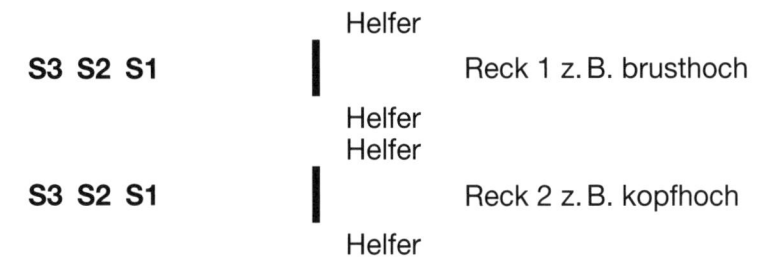

Übung 3

Ausführung: siehe **Übung 2**, Hilfestellungen reduzieren, Reckstangen alle mindestens kopfhoch, wenn dies noch nicht klappt, auch niedriger!

Hüftumschwung vorlings vorwärts

Gerätturnen

UM deduktiv

SO Ganzheitsmethode

KK Ausgangsposition: Stütz/Ristgriff, Körper gestreckt; Hochheben des gestreckten Körpers bis Reckstange an Oberschenkeloberseite [1]

nach vorne fallen bis etwas über Waagrechte (absolute Körperstreckung) [2]

schnelle Hüftbeugung, Kopf an Brustbereich drücken, Reckstange weiter an Oberschenkeloberseite, Finger nicht zu fest an Reckstange klammern [3]

Endposition wieder Stütz [4]

MH Vormachen (evtl. auch durch guten Schüler), Turnmatten

DM Reckstangen: verschiedene Höhen einstellen: Beispiel: Anfänger – brusthoch, Fortgeschrittene – kopfhoch, dient beim Erlernen des Hüftumschwungs vorlings vorwärts der psychischen Erleichterung – geringere Höhe möglicherweise von Vorteil

OR **Übung 1**

Zeit: 8–12 min.; Helfer durchwechseln
Ort: Halle
Ausführung: 6–14er-Gruppen, je nach Reckanzahl/Klassenstärke; Ausgangsposition: Stütz, Turner lässt sich nach vorne fallen (Körper vollständig gestreckt!) **Körperspannung wichtig!** Beim Erreichen der Senkrechten muss Turner Oberkörper zu den Beinen klappen; Hilfestellung unterstützt an Rücken und Oberschenkelrückseite, um Turner an der Stange zu halten! – Lehrer zeigt einmal Hilfestellung

```
                        Helfer
        S3  S2  S1       |        Reckstange brusthoch
                        Helfer
                        Helfer
        S3  S2  S1       |        nächste Reckstange
                        Helfer    evtl. bereits kopfhoch
```

Gerätturnen

Übung 2

Ausführung: siehe **Übung 1**, Hilfestellungen reduzieren

Übung 3

Ausführung: siehe **Übung 1 + 2**, wenn Hüftumschwung gekonnt wird, kann Reckstange auch über Kopfhöhe eingestellt werden.

Kippaufschwung als Laufkippe

Gerätturnen

UM deduktiv

SO Teillernmethode/Ganzheitsmethode

KK Vorlaufen unter dem kopfhohen Reck bis zur Körperspannung (Spannbeuge)   [1]

mit einem Bein kurz vom Boden abdrücken, Beine schnell nach hinten oben bewegen, möglichst zwischen Füßen und unterem Unterschenkel ganz nah an Reckstange bringen   [2] [3]

Strecken der Hüfte, wenn Körper Rückwärtspendeln beginnt; Beine an der Reckstange entlang schieben   [3] [4]

Wichtig: Arme nicht wie bei Klimmzug anwinkeln, um sich hochzuziehen

Endposition: Stütz   [5] [6]

MH Vormachen (evtl. auch durch guten Schüler), Turnmatten

DM Reckstange bei Anfängern und Fortgeschrittenen kopfhoch

OR **Übung 1**

    Zeit: 4–6 min.; Helfer durchwechseln
    Ort: Halle
    Ausführung: 6–14er-Gruppen, je nach Reckanzahl/Klassenstärke; Arme lang an Reckstange, Kopf etwa halben Meter hinter Reckstange, nach vorne laufen bis zur Streckung, dann Beine gestreckt zur Reckstange bringen: es ist darauf zu achten, dass die Beine möglichst zwischen Füßen und unterem Unterschenkel ganz dicht an Reckstange zu bringen sind; versuchen, in dieser Position kurz zu verharren (hin- und herschaukeln); Übung dient als Gewöhnungsübung! Helfer unterstützen an Gesäß und Ober- oder Unterschenkel; Kipplage sollte kurz gehalten werden!

```
                                    Helfer
         S3  S2  S1          |
                                    Helfer
                                    Helfer
         S3  S2  S1          |
                                    Helfer
```

Gerätturnen

Übung 2

Zeit: 14–18 min.; Helfer durchwechseln
Ort: Halle
Ausführung: 6–14er-Gruppen, je nach Reckanzahl/Klassenstärke; Arme lang an Reckstange, Kopf etwa halben Meter hinter Reckstange, nach vorne laufen bis zur Streckung, dann Beine gestreckt zur Reckstange bringen: Es ist darauf zu achten, dass die Beine möglichst zwischen Füßen und unterem Unterschenkel ganz dicht an Reckstange zu bringen sind! Helfer unterstützen beim darauffolgenden Rückpendeln und dem Halten der Beine nah an der Reckstange; Unterstützung an Gesäß und Oberschenkel; Unterstützung erfolgt so lange, bis Stütz erreicht wird.

```
                         Helfer
   S3  S2  S1             |
                         Helfer
                         Helfer
   S3  S2  S1             |
                         Helfer
```

Übung 3

Ausführung: siehe **Übung 2**, Hilfe zurücknehmen, wenn bereits fast aus eigener Kraft bis in Stütz geturnt werden kann, Reck kann als psychische Erschwerung noch etwas höher gestellt werden, so dass die Füße aber beim Anlauf noch bequem auf Boden sind.

Kippaufschwung als Schwebekippe

Gerätturnen

UM deduktiv

SO Teillernmethode/Ganzheitsmethode

KK Arme gestreckt am Reck, aus dieser Position Anspringen nach hinten, dabei Hüfte abgeknickt [1]

mit Hüftknick nach vorne schweben (keine Bodenberührung) bis zur Streckung des Körpers [1] [2]

Beine schnell nach hinten oben bringen, möglichst zwischen Füßen und unterem Unterschenkel ganz nah an Reckstange bringen [3]

wenn Körper Rückwärtspendeln beginnt; Beine an der Reckstange entlang schieben – fließender Übergang! [3] [4]

Wichtig: Arme nicht wie bei Klimmzug anwinkeln, um sich hochzuziehen

Endposition: Stütz [5]

MH Vormachen (evtl. auch durch guten Schüler), Turnmatten

DM Reckstange bei Anfängern und Fortgeschrittenen kopfhoch

OR Übung 1
- **Zeit:** 6–8 min.; Helfer durchwechseln
- **Ort:** Halle
- **Ausführung:** 6–14er-Gruppen, je nach Reckanzahl/Klassenstärke; Arme lang an Reckstange, Kopf etwa halben Meter hinter Reckstange, leichter beidbeiniger Absprung und Vorschweben bis zur vollständigen Streckung und wieder zurückschweben; ein paar Mal wiederholen zur Gewöhnung und Stärkung der Bauch- bzw. des Lenden-Darmbeinmuskels (wichtig für Hochbringen der Beine), leichte Unterstützung der Helfer an Gesäß und Oberschenkel in Schwebephase; Schwebephase immer mit Hüftknick

```
                        Helfer
        S3 S2 S1    |
                        Helfer
                        Helfer
        S3 S2 S1    |
                        Helfer
```

Gerätturnen

Übung 2

Zeit: 14–18 min.; Helfer durchwechseln
Ort: Halle
Ausführung: 6–14er-Gruppen, je nach Reckanzahl/Klassenstärke; Arme lang an Reckstange, Kopf etwa halben Meter hinter Reckstange; leichter, beidbeiniger Absprung und Vorschweben bis zur vollständigen Streckung, Beine schnell mit Hilfestellung (an Gesäß und Unterschenkel) an Reckstange bringen; Beine an Reckstange entlang schieben, wann Hüftknick nach vorne geöffnet wird, ist individuell verschieden.

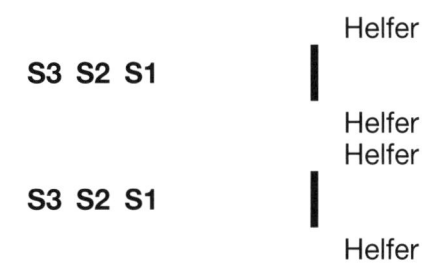

```
                        Helfer
S3  S2  S1              |
                        Helfer
                        Helfer
S3  S2  S1              |
                        Helfer
```

Übung 3

Ausführung: siehe **Übung 2**, Helfer abbauen, wenn bereits fast aus eigener Kraft bis in den Stütz geturnt werden kann.

Mühlaufschwung vorwärts
(Schülerinnen und Schüler)

Gerätturnen

UM deduktiv

SO Teillernmethode/Ganzheitsmethode

KK Vorlaufen unter dem kopfhohen Reck bis zur Körperspannung (Spannbeuge), mit einem Bein kurz vom Boden abdrücken [1]

Beine schnell nach hinten oben bewegen, möglichst zwischen Füße und unterem Unterschenkel ganz nah an Reckstange bringen, ein Bein vor, ein Bein hinter Reckstange bringen [2]

dabei Strecken der Hüfte, wenn Körper Rückwärtspendeln beginnt; Beine vor und hinter Reckstange entlang schieben [3] [4]

Endposition: Spreizsitz [5]

MH Vormachen (evtl. auch durch guten Schüler), Turnmatten

DM Anfänger bei **Übung 1** nur bis zur Spreizstellung der Beine mit Unterstützung der Hilfestellungen turnen

OR **Übung 1**

Zeit: 10–12 min.; Helfer durchwechseln
Ort: Halle
Ausführung: 6–14er-Gruppen, je nach Reckanzahl/Klassenstärke (bei koedukativem Unterricht helfen Schüler Schülern, Schülerinnen Schülerinnen!); Turner läuft bis zur Spannbeuge, bringt Beine nach hinten oben, Helfer unterstützen kräftig an Gesäß und Oberschenkelrückseite, damit Turner im weiteren Verlauf Beine in Spreizstellung vor und hinter Reckstange bringen kann; wenn die Spreizstellung erreicht ist, Übung abbrechen und bis dahin noch zwei bis drei Mal wiederholen

```
                              Helfer
    S3  S2  S1        |
                              Helfer
                              Helfer
    S3  S2  S1        |
                              Helfer
```

Gerätturnen

BB

Übung 2

OR

Zeit: 14–18 min.; Helfer durchwechseln
Ort: Halle
Ausführung: 6–14er-Gruppen, je nach Reckanzahl/Klassenstärke (bei koedukativem Unterricht helfen Schüler Schülern, Schülerinnen Schülerinnen!); Turner läuft bis zur Spannbeuge, bringt Beine nach hinten oben, jetzt müssen Helfer **kräftig** an Gesäß und Oberschenkelrückseite unterstützen, damit die Turner im weiteren Verlauf Beine in Spreizstellung vor und hinter Reckstange bringen kann; weitere Unterstützung (Oberschenkel/unterer Rücken) bei anschließender Kippbewegung in Spreizsitz

```
                        Helfer
   S3  S2  S1           |
                        Helfer
                        Helfer
   S3  S2  S1           |
                        Helfer
```

Übung 3

OR

Ausführung: siehe **Übung 2**, Hilfe zurücknehmen, wenn bereits fast aus eigener Kraft bis in Stütz geturnt werden kann.

Mühlumschwung rückwärts
(Schülerinnen und Schüler)

Gerätturnen

UM deduktiv

SO Teillernmethode/Ganzheitsmethode

KK (hier: Schwungbein rechts) Spreizsitz, Beine über Reckstange gespreizt; schnelles nach hinten führen des rechten Beins zum Schwungholen, dabei Zurücknahme von Schultern/Hüften, Anpressen des Oberschenkels an Reckstange [1]

nach hinten fallen, Kopf nach hinten nehmen [2]

ab beginnender Aufwärtsphase mit Händen Zug auf Reckstange bringen, Körper immer gestreckt [3] [4]

Endposition wie Anfangsposition [5]

MH Vormachen (evtl. auch durch guten Schüler), Turnmatten

DM Hilfestellung variieren, gute Schülerinnen turnen frei

OR Übung 1

Zeit: 10–12 min.; Helfer durchwechseln
Ort: Halle
Ausführung: 6–14er-Gruppen, je nach Reckanzahl/Klassenstärke der Schülerinnen (bei koedukativem Unterricht helfen Schüler Schülern, Schülerinnen Schülerinnen!); Turnerin holt mit hinterem Bein Schwung, lässt sich nach hinten fallen bis in Senkrechte (Kopf nach unten) mit gestreckter Körperhaltung; Helfer unterstützen an unterem Rücken und Oberschenkel und helfen anschließend wieder in Stütz zu gelangen; dies zwei bis drei Mal wiederholen

```
                                  Helfer
        S3  S2  S1            |
                                  Helfer
                                  Helfer
        S3  S2  S1            |
                                  Helfer
```

Gerätturnen

Übung 2

Zeit: 14–18 min.; Helfer durchwechseln
Ort: Halle
Ausführung: 6–14er-Gruppen, je nach Reckanzahl/Klassenstärke der Schülerinnen (bei koedukativem Unterricht helfen Schüler Schülern, Schülerinnen Schülerinnen!); Turnerin holt mit hinterem Bein Schwung, lässt sich nach hinten fallen bis in die Senkrechte (Kopf nach unten) mit gestreckter Körperhaltung; Helfer unterstützen an Gesäß und Oberschenkel, um Turnerin eine ganze Drehung zu ermöglichen; Turnerin sollte im Bereich **Schwungbein – Körper immer gestreckt** sein; Endposition wieder Spreizsitz

```
                        Helfer
S3 S2 S1            |
                        Helfer
                        Helfer
S3 S2 S1            |
                        Helfer
```

Übung 3

Ausführung: siehe **Übung 2**, Hilfe zurücknehmen, wenn bereits fast aus eigener Kraft bis in Stütz geturnt werden kann.

3.1.5 Sprungpferd/Kasten – (längs/quer)

Grätsche (Sprungpferd/Kasten längs)

Gerätturnen

UM	deduktiv
SO	Ganzheitsmethode
KK	Anlauf: kräftiger Absprung mit beiden Beinen, vom Sprungbrett hoch und mit gestreckten Armen auf Sprungpferd/Kasten springen (Einsprung auf Sprungbrett relativ flach), Beine grätschen [1] [2]
	Hände im vorderen Drittel (in Sprungrichtung) des Sprungferds/Kastens aufsetzen [3]
	kräftiger Abdruck mit beiden Händen [3]
	Landung mit geschlossenen Beinen, aufrechte Endstellung [4] [5]
MH	Vormachen (evtl. auch durch guten Schüler), Hilfestellung; Weichbodenmatte, falls kein Sprungpferd zur Verfügung steht, kann auch nur mit Kasten geturnt werden, Magnesia/Kreide zur Markierung auf Kastenoberteil, Sprungbrett (Reutherbrett), Bock
DM	Anfänger: mit niedrig gestelltem Bock oder Kasten/Sprungpferd tief einstellen (z.B. nur 3–4 Kastenteile)
OR	**Übung 1** Zeit: 8–10 min.; Hilfestellungen austauschen Ort: Halle Ausführung: 6–14er-Gruppen, je nach Kastenanzahl/Sprungpferdanzahl; Anfänger: Gesamtbewegung mit Anlauf über niedrigen Bock, Helfer stehen hinter Bock, greifen an Oberarm (Klammergriff, in Turnrichtung mitgehen) und ziehen Turner auf Weichbodenmatte, bei Fortgeschrittenen Helfer hinter Kasten (3-5 Teile je nach Können)

S3 S2 S1 | Sprungbrett | Bock oder Kasten | Weichbodenmatte

Helfer (oben und unten an der Weichbodenmatte)

Gerätturnen

BB

Übung 2

OR

Zeit: 10–16 min.; Hilfestellungen austauschen
Ort: Halle
Ausführung: 6–14er-Gruppen, je nach Kastenanzahl/Sprungpferdanzahl; Gesamtbewegung mit Anlauf über höheren Bock, Helfer stehen hinter dem Bock, greifen an Oberarm (Klammergriff wie **Übung 1**) und ziehen Turner auf Weichbodenmatte, bei Kastenspringern Kasten z. B. mindestens 4 Teile, Helfer wie in **Übung 1**

```
                                          Helfer
                  Sprung-   Bock
    S3 S2 S1      brett     oder Kasten    Weichbodenmatte
                                          Helfer
```

Übung 3

OR

Ausführung: siehe **Übung 2**, Helfer abbauen, wenn grober Bewegungsverlauf vorhanden, Markierungen auf vorderem Kastenoberteil (in Sprungrichtung) aufzeichnen, damit Turner lernt, weit im vorderen Drittel des Sprungpferds/Kastens aufzustützen

Handstützüberschlag
(Sprungpferd/Kasten quer)

Gerätturnen

UM	deduktiv
SO	Ganzheitsmethode
KK	schneller Anlauf; kräftiger Absprung mit beiden Beinen, vom Sprungbrett hoch und mit gestreckten Armen auf Sprungpferd/Kasten springen (Einsprung auf Sprungbrett relativ flach) **1**
	nach Absprung auf Kasten Arme gestreckt aufsetzen **2**
	kräftiges Abdrücken von Kasten, dabei Körper gestreckt **3**
	Flugphase gestreckt **4**
	Endposition: Abfedern, Stand auf Weichbodenmatte **5**
MH	Vormachen (evtl. auch durch guten Schüler), 2 Weichbodenmatten, falls kein Sprungpferd zur Verfügung steht, kann auch nur mit Kasten geturnt werden, Magnesia/Kreide zur Markierung auf Kastenoberteil, Sprungbrett (Reutherbrett)
DM	niedrigere Kästen (z. B. nur 3–4 Teile) zu Beginn
OR	**Übung 1**

       Zeit: 10–16 min.; Hilfestellungen austauschen
       Ort: Halle
       Ausführung: 2–3 6–14er-Gruppen, je nach Kastenanzahl/Sprungpferdanzahl; Anfänger: Gesamtbewegung mit Anlauf über niedrigen Kasten/Sprungpferd (z. B. 3 Kastenteile), dahinter 2 Kastenoberteile und Weichbodenmatte oben drauf; Helfer unterstützen an Schulter und Gesäß;
       Wichtig: Turner springt flach, aber kräftig ins Brett, Arme gestreckt beim Aufsetzen auf Kasten, auch beim Abdruck! Lehrer zeigt Hilfestellung noch mal vor erster Übung!

Anfänger oder diejenigen, die sich nicht direkt mit Anlauf trauen, stellen sich auf Kasten und machen zunächst Handstand vom Kasten auf Weichbodenmatte (mit Hilfestellung), diese Turner können sich auch bei Turnern mit Anlauf einreihen!

Gerätturnen

BB

OR

Übung 2

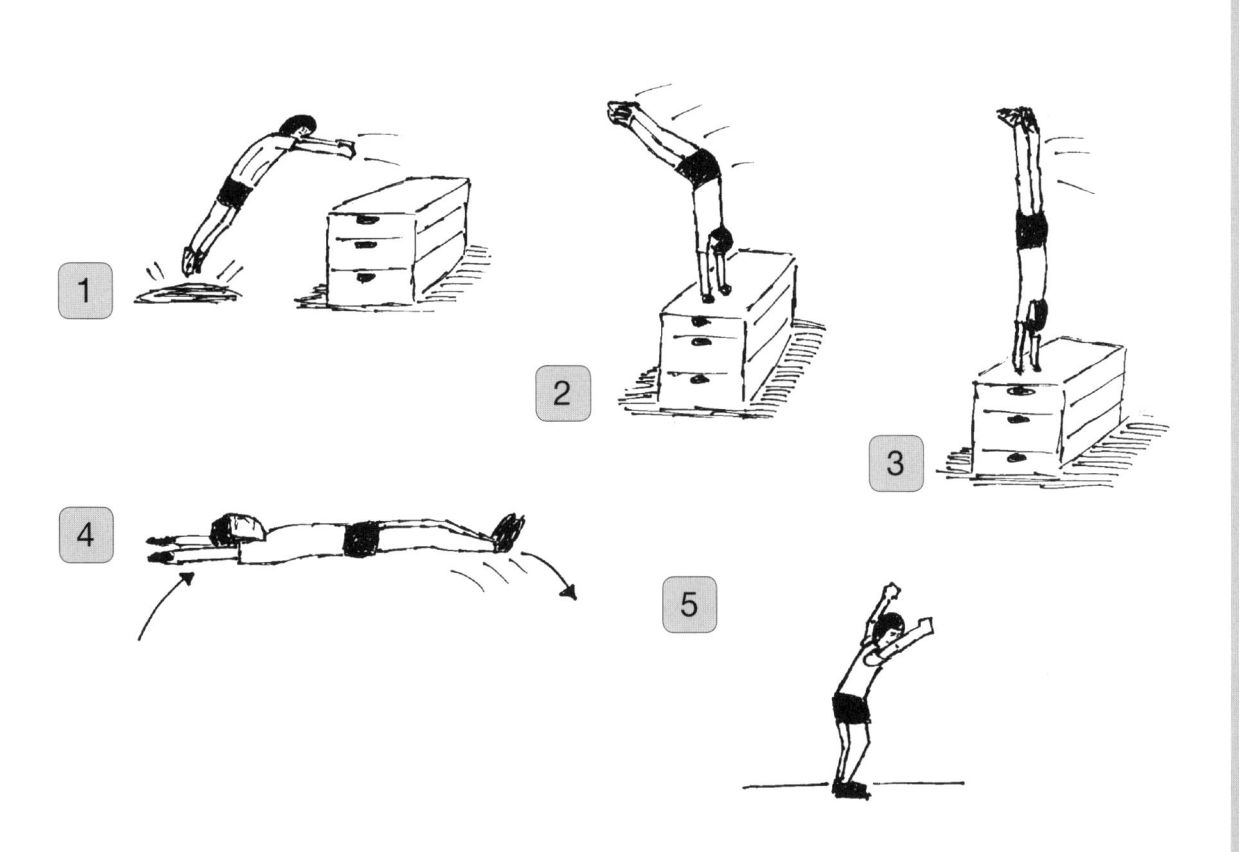

Zeit: 14–18 min.; Hilfestellungen austauschen
Ort: Halle
Ausführung: 2–3 6–14er-Gruppen, je nach Kastenanzahl/Sprungpferdanzahl; Gesamtbewegung mit Anlauf über höheren, evtl. hohen Kasten/Sprungpferd (z. B. 4 und Kastenteile), dahinter 2 Kastenoberteile und eine Weichbodenmatte oben drauf; Helfer unterstützen an Schulter und Gesäß;
Wichtig: Turner springt flach, aber kräftig ins Brett, Arme gestreckt beim Aufsetzen auf Kasten, auch beim Abdruck! Wenn es noch nicht gut klappt, noch mal niedriger Kasten

OR

Übung 3

Ausführung: siehe **Übung 2**, Helfer abbauen, wenn grober Bewegungsverlauf vorhanden, Kastenteile unter Weichbodenmatte wegnehmen, Flugphase somit länger, dadurch Stand auf Weichbodenmatte einfacher

Sprunghocke (Sprungpferd/Kasten längs) — Gerätturnen

UM deduktiv

SO Ganzheitsmethode

KK
- zügiger Anlauf: beidbeinig in Sprungbrett einspringen [1]
- explosiver Absprung vom Sprungbrett, dann möglichst mit gestrecktem Körper auf Sprungpferd/Kasten einspringen, Hände im vorderen Drittel des Sprungpferds/Kastens in Sprungrichtung aufsetzen [2]
- möglichst kurze Aufsetzphase der Hände und kräftiger Abdruck; Beine anhocken [3]
- Turner fliegt gehockt über Sprungpferd/Kasten [4]
- dann Beine aktiv nach unten bringen, um gerade in den Stand zu kommen [5]

MH Vormachen (evtl. auch durch guten Schüler); Weichbodenmatte, falls kein Sprungpferd zur Verfügung steht, mit Kasten turnen; Magnesia/Kreide für Markierung auf Kastenoberteil/Sprungpferd, Sprungbrett (Reutherbrett)

DM Anfänger: niedriger Kasten/Sprungpferd (z. B. nur 3–4 Kastenteile) oder erst auf Kasten/Sprungpferd kniend aufspringen

OR Übung 1

Zeit: 10–12 min.; Hilfestellungen austauschen
Ort: Halle
Ausführung: 6–14er-Gruppen, je nach Kastenanzahl/Sprungpferdanzahl; Anfänger: Gesamtbewegung mit Anlauf über niedrigen Kasten (3–4 Kastenteile), Helfer stehen hinter Kasten, sie müssen sehr gut aufpassen, um Turner über Kasten zu ziehen (notfalls noch einmal zunächst auf Kasten-/Sprungpferddrittel im Kniestand landen); Fortgeschrittene machen Gesamtbewegung, die Helfer mit Klammergriff unterstützen (Turner auf Weichbodenmatte ziehen); auch hier kann Kasten/Sprungpferd zunächst nur etwa 3–4 Kastenteile hoch sein

S3 S2 S1 | Sprungbrett | Kasten | Weichbodenmatte (Helfer oben und unten)

Gerätturnen

Übung 2

Zeit: 14–18 min.; Hilfestellungen austauschen
Ort: Halle
Ausführung: 6–14er-Gruppen, je nach Kasten-/Sprungpferdanzahl; Anfänger: Gesamtbewegung mit Anlauf über niedrigen Kasten (3–4 Kastenteile), Helfer stehen hinter Kasten, sie müssen sehr gut aufpassen, um Turner über Kasten ziehen zu können; Fortgeschrittene machen Gesamtbewegung, die Helfer mit Klammergriff unterstützen (Turner auf Weichbodenmatte ziehen); Kastenerhöhung auf 4–5 Kastenteile, evtl. Hilfestellungen bereits reduzieren
Achtung: bei schnellerem Anlauf Sprungbrett weiter weg von Kasten/Sprungpferd!

			Helfer
S3 S2 S1	Sprung-brett	Kasten	Weichbodenmatte
			Helfer

Übung 3

Ausführung: siehe **Übung 2**, Hilfestellung zurücknehmen, wenn grober Bewegungsverlauf vorhanden ist.

Sprunghocke (Sprungpferd/Kasten quer)

Gerätturnen

UM	deduktiv
SO	Teillernmethode/Ganzheitsmethode
KK	Anlauf: beidbeinig in Sprungbrett einspringen [1]
	explosiver Absprung vom Sprungbrett, um dann möglichst mit gestrecktem Körper auf Sprungpferd/Kasten einzuspringen [2]
	möglichst kurze Aufsetzphase der Hände und kräftiger Abdruck; Beine anhocken [3]
	Turner fliegt gehockt über Sprungpferd/Kasten [4]
	Beine wieder aktiv nach unten bringen, um gerade in Stand zu kommen [5]
MH	Vormachen (evtl. auch durch guten Schüler), Weichbodenmatte, falls kein Sprungpferd zur Verfügung steht, kann auch nur mit Kasten geturnt werden, Sprungbrett (Reutherbrett)
DM	Anfänger: mit niedrig gestelltem Kasten/Sprungpferd (z. B. nur 3- 4 Kastenteile) oder erst auf Kasten kniend aufspringen

OR

Übung 1

Zeit: 10–12 min.; Hilfestellungen austauschen
Ort: Halle
Ausführung: 6–14er Gruppen, je nach Kasten-/Sprungpferdanzahl; Anfänger springen mit wenig oder keinem Anlauf kniend auf Kasten auf (nur etwa 4 Kastenteile), darauf achten, dass Gesäß/Beine hochgezogen werden; Fortgeschrittene turnen Gesamtbewegung; Helfer greifen mit Klammergriff und ziehen Turner mit zur Weichbodenmatte.

Gerätturnen

Übung 2

Zeit: 14–18 min.; Hilfestellungen austauschen
Ort: Halle
Ausführung: 6–14er-Gruppen, je nach Kasten-/Sprungpferdanzahl; Anfänger versuchen nun, mit 2 Hilfestellungen Gesamtbewegung zu turnen (Höhe: etwa 4 Kastenteile); Hilfestellungen helfen mit Klammergriff und ziehen Turner mit zur Weichbodenmatte; bei Fortgeschrittenen nach und nach beide Hilfestellungen abbauen

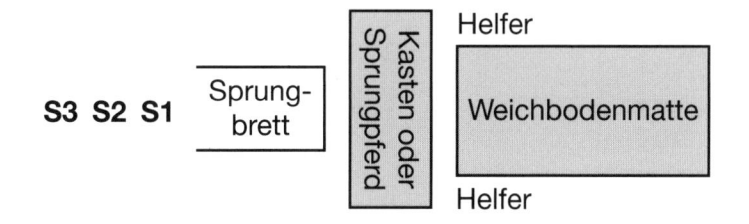

Übung 3

Ausführung: siehe **Übung 2**, Helfer abbauen, wenn grober Bewegungsverlauf vorhanden; Feinform verbessern durch häufiges Üben.

3.1.5 Stufenbarren (Schülerinnen)

Aufstemmen beidbeinig (Schülerinnen)

Gerätturnen

UM	deduktiv	
SO	Ganzheitsmethode	
KK	Ausgangsposition: Hockhangstand	1
	Körper pendelt zurück, Arme weiter gestreckt, Beine strecken automatisch mit, Arme ziehen und drücken gleichzeitig an Holm, Arme dabei weiter gestreckt	2
	Abdrücken vom unteren Holm bei gleichzeitigem Vornehmen der Schultern, Streckung der Arme und Beine	3
	Endposition: Stütz	4
MH	Vormachen (evtl. auch durch gute Schülerin); Turnmatten, Kleinkästen	
DM	Anfängerinnen: bei Stufenbarren sowohl Weiten- als auch Höhendifferenz klein einstellen	

OR **Übung 1**

Zeit: 10–12 min.; Hilfestellungen austauschen
Ort: Halle
Ausführung: 6–14er-Gruppen, je nach Anzahl der Stufenbarren; Anfänger: kleiner Abstand zwischen beiden Holmen (höherer Holm nicht zu hoch): Turnerin beginnt im Hockhangstand, führt Gesamtbewegung mit Hilfestellung zunächst langsam durch; Helfer „schieben" sie in gewünschte Position; Fortgeschrittene können bereits ohne Hilfestellung oder zumindest mit weiteren und höheren Holmen turnen.
Helfer können sich auf Kleinkasten stellen

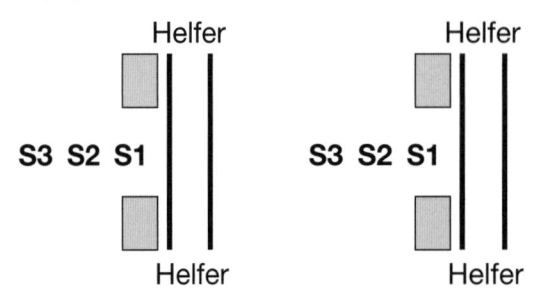

Gerätturnen

Übung 2

Zeit:	14–18 min.; Hilfestellungen austauschen
Ort:	Halle
Ausführung:	6–14er-Gruppen, je nach Anzahl der Stufenbarren; Anfängerinnen: Abstand zwischen beiden Holmen vergrößern: Turnerin beginnt im Hockhangstand, führt Gesamtbewegung mit Hilfestellung durch, Helfer „schieben" sie in gewünschte Position; Fortgeschrittene können evtl. bereits ohne Hilfestellung turnen; das „Schieben" der Helfer allmählich abbauen. Helfer können sich auf Kleinkasten stellen.

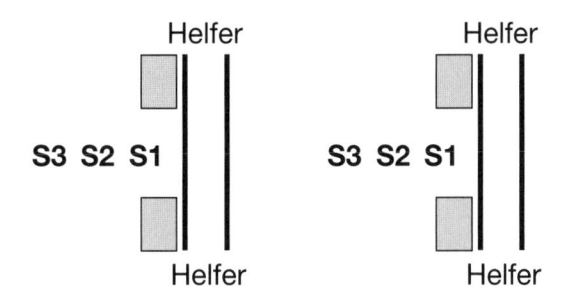

Übung 3

Ausführung: siehe **Übung 2**, Helfer abbauen, Abstände zwischen beiden Holmen weiter vergrößern, wenn grober Bewegungsverlauf vorhanden ist, Feinform verbessern durch häufiges Üben.

Durchhocken eines Beines aus Rückschwung
(Schülerinnen)

Gerätturnen

UM deduktiv

SO Ganzheitsmethode

KK gebückte Ausgangsstellung an niederem Holm; unter Holm durch im Langhang nach vorne laufen bis zur Körperspannung (Spannbeuge) ⟶ 1

Anwinkeln eines Beines (hier des rechten), Zurücknahme des Beines und an Holm vorbei durchhocken ⟶ 2

Knieaufschwung, dabei linkes Bein aktiv nach unten schlagen ⟶ 3

Endposition: Griff am hohen Holm, rechtes Knie über Holm ⟶ 4

MH Vormachen (evtl. auch durch guten Schüler) Turnmatten unter Gesamtbarren, Helfer stehen unmittelbar seitlich hinter Turnerinnen

DM Anfängerinnen sollen bei **Übung 1** nur bis zum Durchhocken des Beines mit Unterstützung der Hilfestellungen turnen, kleinerer Abstand zwischen beiden Holmen.

OR **Übung 1**

Zeit: 10–12 min.; Helfer durchwechseln
Ort: Halle
Ausführung: 6–14er-Gruppen, je nach Anzahl der Stufenbarren (notfalls bei koedukativem Unterricht Schüler als Helfer in unteren Klassen); Turnerin läuft bis zur Spannbeuge, bringt dann rechtes Bein in Kniestellung um niederen Holm, Knieaufschwung bis zum Griff an hohem Holm; Hilfestellungen unterstützen spätestens bei Knieaufschwung an Gesäß und Schulter bzw. oberem Rücken („tragen" Turnerin); Anfängerinnen turnen zunächst nur bis Durchhocken des Beines.

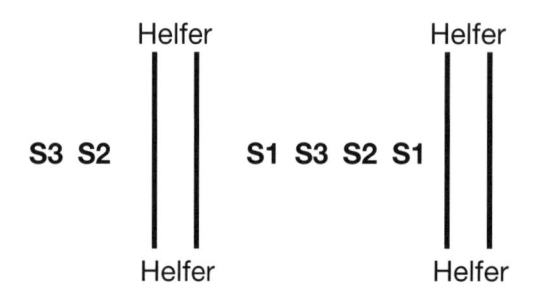

```
           Helfer              Helfer
            | |                 | |
   S3 S2   | |    S1 S3 S2 S1  | |
            | |                 | |
           Helfer              Helfer
```

Gerätturnen

Übung 2

Zeit: 14–18 min.; Hilfestellungen austauschen
Ort: Halle
Ausführung: 6–14er-Gruppen, je nach Anzahl der Stufenbarren; Anfängerinnen: Abstand zwischen beiden Holmen wie in **Übung 1**; versuchen, mit Hilfestellung Gesamtbewegung zu turnen; Hilfestellungen bei Fortgeschrittenen allmählich reduzieren;

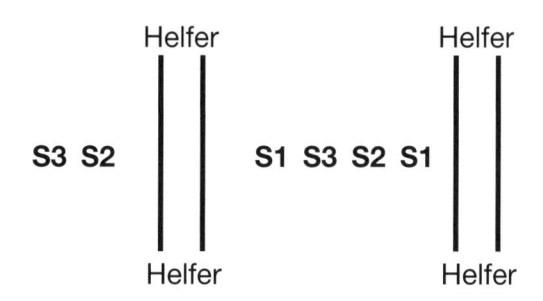

```
               Helfer              Helfer
                |                    |
S3 S2           |    S1 S3 S2 S1     |
                |                    |
               Helfer              Helfer
```

Übung 3

Ausführung: siehe **Übung 2**, Helfer abbauen, Abstände zwischen niederem/ hohem Holm vergrößern, wenn grober Bewegungsverlauf vorhanden ist; Feinform verbessern durch häufiges Üben.

4 Leichtathletik

4.1 Einführung

Aus der Geschichte

Als Ursprungsland der Leichtathletik gilt Großbritannien. Hier werden erstmals im Jahr 1864 zwischen den Universitäten Cambridge und Oxford leichtathletische Wettkämpfe ausgetragen. 1866 folgen englische Meisterschaften in London. In den USA werden ab 1876 die ersten nationalen Meisterschaften ausgetragen. Spätestens seit den ersten Olympischen Spielen der Neuzeit, die 1896 in Athen stattfinden, gewinnt die Sportart Leichtathletik an Popularität. Der Deutsche Leichtathletikverband (DLV) wird bereits 1898 mit Sitz in Darmstadt gegründet. Weltweiter Dachverband ist die 1913 gegründete International Amateur Athletic Federation mit Sitz in London. Ab 1928 sind auch Damen bei den Olympischen Spielen zugelassen. Zwischen den Weltkriegen erfährt die Leichtathletik besonders in den westlichen Industrienationen einen enormen Aufschwung, der sich nach 1945 auch in den Ostblockstaaten bemerkbar macht. Seit etwa den 1960er Jahren des 20. Jahrhunderts spielen auch Länder der Dritten Welt eine wichtige Rolle in der Leichtathletik.

Strukturbild

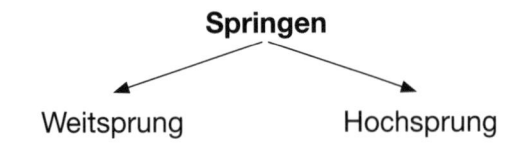

Laufen
- Kurzstrecke
- Mittelstrecke
- Langstrecke
- Staffellauf

Werfen & Stoßen
- Ball
- Speer
- Kugelstoß

Springen
- Weitsprung
- Hochsprung

Wichtige Leichtathletikregeln für den Sportunterricht

Sprint: Der Sprinter darf seine Bahn nicht verlassen.
Der Sprint bis 100 m findet auf einer Geraden der 400 m-Rundbahn statt. Bei 200 bzw. 400 m wird in die Kurve hinein gestartet

Mittelstreckenlauf: Der Mittelstreckenläufer darf seine Mitläufer nicht behindern. Startsignal beim Mittelstreckenlauf: „Auf die Plätze – Los"

Staffellauf: Auch im Sportunterricht sollten die Wechselräume eingehalten werden.
Mögliche Modifikation: Räume verlängern!

Hochsprung: Es darf nur mit einem Bein abgesprungen werden.

Weitsprung: Absprung mit einem Bein; Absprungbrett nach Möglichkeit nicht übertreten.
Mögliche Modifikation: Absprungraum bestimmen, innerhalb dessen abgesprungen werden kann, ohne dass dies als Übertritt geahndet wird (vor allem in den Klassen 5–7/8).

Ballweitwurf: Es sollten Markierungen vereinbart werden, ab wo geworfen wird. Markierungen sollten nicht übertreten werden.
Mögliche Modifikation: Abwurfraum bestimmen, innerhalb dessen geworfen werden kann (vor allem in den Klassen 5–7/8 und Anfängern).

Kugelstoßen: Innerhalb des Kugelstoßrings muss gestoßen werden. Den Kugelstoßring nach dem Stoß nach hinten verlassen (im Sportunterricht nicht zwingend relevant, sofern der Stoßer nach seinem Stoß wieder ruhig gestanden hat).
Kugel muss innerhalb des Wurf-/Stoßsektors landen.
Mögliche Modifikation: Wurfsektor zunächst vergrößern (Winkel breiter).

Speerwurf: Vereinbarte Markierungen, ab wo geworfen wird, sollten nicht übertreten werden.
Mögliche Modifikation: Abwurfraum bestimmen, innerhalb dessen geworfen werden kann (vor allem bei Anfängern).
Speer darf nicht mit hinterem Teil aufkommen.
Mögliche Modifikation: Bei Anfängern zunächst dulden, dass Speer auch hinten aufkommt, deswegen nicht sofort jeden Wurf für ungültig erklären!

4.1.1 Laufen

Start aus dem Startblock

Leichtathletik

UM	deduktiv
SO	Ganzheitsmethode
KK	Ausgangsstellung: Arme schulterbreit – gestreckt **Auf die Plätze** Daumen + Zeigefinger entlang der Startlinie Starker Fuß ist im Startblock vorne! **Fertig** Becken (Gesäß) über Schulterbereich bringen leichtes Anheben des Kopfes (Blick vor Startlinie) **Los** kurzes explosives Abdrücken vom Block weg; natürliches Schwingen) = gegengleich in Laufrichtung der Arme **Erste Schritte** allmähliches Aufrichten des Körpers (nicht ruckartig), leichte Körpervorlage 1 2 3 4 5 6 7
MH	Vormachen (evtl. auch durch guten Schüler), Startblöcke, in Halle auch Wand als Abdruck oder Mitschüler stellt Fuß quer als hinteren Teil des Startblocks
DM	keine erforderlich

OR	**Übung 1**
	Zeit: 4–6 min.; Korrektoren/Starter durchwechseln
	Ort: Halle/Sportplatz
	Ausführung: Startübungen ohne Block, dann ca. 5–6 m Sprint; wenn erste Linie startet, dann zweite etc.; erste Linie geht so zurück, dass Mitschüler nicht beim Start gestört werden, Einzelkorrekturen (durch Lehrer/Mitschüler, z. B. auch Verletzte); z. B. 3–4 Linien von 6–9 Schülern aufstellen
	in Halle: (vor Vorhang/Wand)
	Sportplatz: auf Laufbahn/Sportplatz Seitenlinien
	
	Wand/Vorhang/Linie
	    Linie 1 Schüler 1 ⟶ 1 Laufrichtung
	                 2
	                 3 … –9
	    Linie 2 etc. ⟶ 2 Laufrichtung
	Abstand: Schüler–Schüler ca. 1 m

Leichtathletik

Übung 2

Zeit: 8–12 min.; Partner/Sprinter tauschen
Ort: Halle/Sportplatz
Ausführung: Startübungen mit Kurzsprint (10–12m), wenn möglich aus Startblock/ partnerweise, wobei Partner Fuß als Abdruck zur Verfügung stellt (quasi Abdruck des Startblocks);
in Halle: siehe oben
Sportplatz: wenn möglich pro Schüler eine Einzelbahn

ohne Startblock:

Partner (Startblockersatz)   **Partner** etc.
Sprinter (Schüler 1)   **Sprinter** ...
　　↓ Laufrichtung　　　　　　　↓

mit Startblock: Schüler 1, 2, 3–6 oder 8 (je nach Platz oder Anzahl der Einzellaufbahnen)

Sprint (100 m, 200 m, 400 m)

Leichtathletik

UM deduktiv

SO Ganzheitsmethode

KK allmähliches Aufrichten nach Start, leichte Körpervorlage während des ganzen Laufes beibehalten `1` – `8`

hohe Schrittfrequenz (viele Schritte), raumgreifende Schritte (große Schritte); Aufsetzen des Fußes im Fußballenbereich `1` – `8`

raumgreifende Schritte beibehalten, versuchen, möglichst wenig von der hohen Schrittfrequenz zu verlieren `1` – `8`

MH Vormachen (evtl. auch durch guten Schüler)

DM keine erforderlich

OR **Übung 1**

    Zeit: 3–4 min.
    Ort: Halle/Sportplatz
    Ausführung: Beschleunigungsphase verbessern; Schüler stellen sich in Linie auf und starten mit anschließendem Kurzsprint (etwa 10–15 m) hintereinander weg (Linie 1, dann Linie 2 etc.), Einzelkorrekturen (durch Lehrer/Mitschüler/z. B. auch Kranke); z. B. 3-4 Linien von 6–9 Schülern aufstellen
    in Halle: vor Wand
    Sportplatz: auf Laufbahn (nicht unbedingt eine Laufbahn pro Schüler, evtl. auch eine Laufbahn für 2 Schüler)

```
Halle:   ─────
         Wand
         Linie 1
         Linie 2
         Linie 3        Schüler 1, 2, 3–9
           │   │   │      │
           ▼1  ▼2  ▼3    ▼4 etc.   (Laufrichtung)
```

Leichtathletik

Übung 2

Zeit: 10–12 min.
Ort: Sportplatz
Ausführung: Phase der Maximalgeschwindigkeit/Geschwindigkeitskonstanz verbessern; Schüler stellen sich in Linie auf; Steigerungsläufe bis zu 60–100 m; Linien starten selbstständig: 5–7 Wiederholungen, zurückgehen, ohne andere zu stören; versuchen, die Geschwindigkeit auf den letzten Metern zu halten.

```
|Linie 2|    Schüler 1    ⟶
|Linie 1|    Schüler 2    ⟶
     etc.   Schüler 3 etc. ⟶
```

Übung 3

Zeit: 8–12 min.; Partner/Sprinter tauschen
Ort: Sportplatz
Ausführung: Koordinationstraining Laufen: Schüler stellen sich in Linie auf (siehe **Übung 2**), Lauf mit erhöhtem Knieeinsatz, erst auf der Stelle, dann allmählich mit deutlicher Körpervorlage in schnelles Laufen übergehen – mehrere Wiederholungen; Lehrer oder Leichtathlet demonstriert dies für alle!

Mittel- und Langstreckenlauf
(800 m, 1000 m, 1500 m, 3000 m)

Leichtathletik

UM deduktiv

SO Ganzheitsmethode

KK
- **Abdruckphase** Abdruck vom hinteren, zunächst gebeugten, dann durch Abdruck gestreckten Bein; Armschwung individuell höher/niedriger; anderes Bein winkelt an
- **Flugphase** Schritt sollte möglichst groß (raumgreifend) sein, aber nicht zu groß, damit Hüfte nicht zu sehr nach unten absinkt; Arme schwingen locker mit
- **Aufsetzphase** vorderes Bein setzt auf Ferse zuerst auf, Abrollen auf Mittelfuß, Abdruck für nächsten Schritt; Arme schwingen locker mit

Wichtig: Aufsetzen des Fußes im Mittelfußbereich (siehe BB); Arme schwingen weiter unten als beim Sprint; geringere Körpervorlage als bei Sprint

MH Vormachen (evtl. auch durch guten Schüler), jeder Läufer hat eigene Stoppuhr dabei (eigene normale Uhr bei Lauftraining anbehalten) oder Lehrer/kranker Schüler übernimmt diese Aufgabe

DM schnellere und langsamere Gruppen bilden

OR
Übung 1
- **Zeit:** 8–12 min.
- **Ort:** Halle/Sportplatz (in Halle nur, wenn die gesamte Halle zur Verfügung steht; sinnvoller auf Sportplatz ab April/Mai)
- **Ausführung:** Linienläufe: 2–4 6–9er-Gruppen laufen hintereinander auf Linien entweder in der Halle oder auf dem Sportplatz, Vordermann gibt Tempo vor, nach ca. 1 min. wechselt hinterer Läufer selbstständig (= er schaut auf die Uhr) an die Spitze; einzelne Gruppen starten mit etwa 5–10 Sek. zeitversetzt, schnellere Gruppen nach vorne, langsamere Gruppen starten hinten dran

S1 S2 S3   Bestimmtes Tempo laufen   S2 S1 S3 etc.
Linien ...

Leichtathletik

Aufsetzen auf Mittelfuß (in der Regel eher Außenkante) als eines der wichtigsten Kriterien des Mittelstreckenlaufes

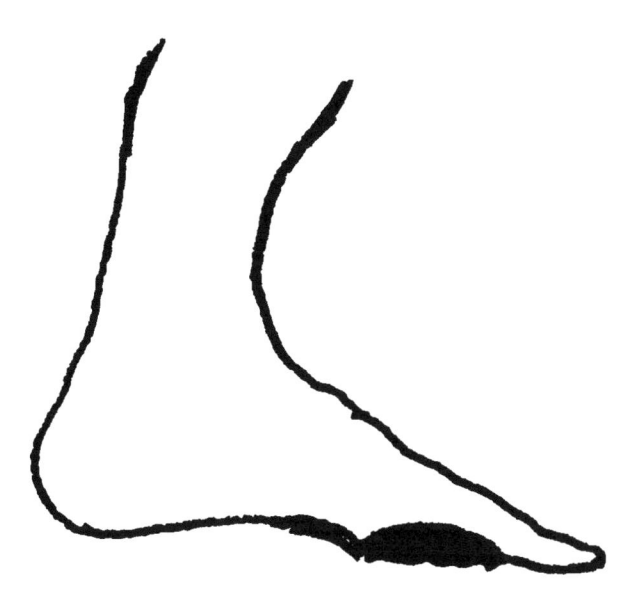

BB

Übung 2

OR

Zeit: Zeitangabe ergibt sich aus Übungsausführung
Ort: Sportplatz
Ausführung: 2–4 6–9er-Gruppen (jeweils ähnliche Leistungsstärke) laufen schnellere und langsamere Runden; ein Schüler gibt Tempo und Zeit vor (auch zur Schulung des Zeitgefühls), schnellere Gruppe überholt langsamere jeweils außen (rechts); erste Gruppe startet, zweite im Abstand von etwa 10 sec etc.; zunächst 2 x 4 Runden, nach 4 Runden 5–7 min. Pause (1. Runde schneller, 2. langsamer etc.)

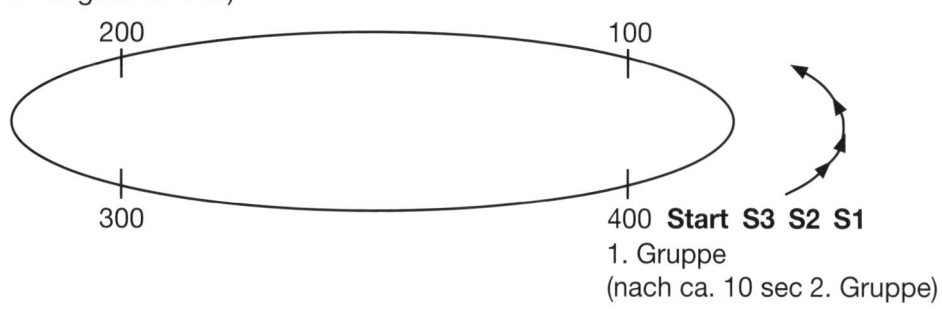

```
        200              100
    ┌─────────────────────────┐
    │                         │  ↗
    │                         │  ↕
    └─────────────────────────┘  ↘
        300              400  Start S3 S2 S1
                              1. Gruppe
                              (nach ca. 10 sec 2. Gruppe)
```

Übung 3

OR

Zeit: 8–12 min.; Partner/Sprinter tauschen
Ort: Sportplatz
Ausführung: siehe **Übung 2**, Umfang (mehr Runden) und Intensität (schnellere Zeit pro Runde) noch erhöhen oder aber alternativ 1. Runde schneller, 2. Runde langsamer, die letzten beiden Runden schneller mit Endspurt auf 50–100 m; kann je nach Situation auch durch den Lehrer modifiziert werden.

Staffellauf

Leichtathletik

UM deduktiv

SO Ganzheitsmethode

KK **Innenwechsel** – Stab führender Läufer kommt von links, Startübergabe von unten, Stab führender Läufer nähert sich dem bereits losgesprinteten übernehmenden Läufer, der von individueller Ablaufmarke aus Anlaufraum losläuft (muss beim Üben ein paar Mal ausprobiert werden, da die Übergabe bis spätestens Ende des Wechselraumes abzuschließen ist) [1]

übernehmender Läufer bringt Greifarm nach hinten [2]

Stab führender Läufer drückt Stab von unten nach oben in die Hand des übernehmenden Läufers [3] [4]

übernehmender Läufer hat Stab jetzt fest in Hand, übergebender Läufer läuft locker aus [5] [6]

MH Vormachen (evtl. auch zusammen mit gutem Schüler); evtl. Hütchen oder Schuhe, herumliegende Ästchen etc. zur Markierung des Wechsel- bzw. Anlaufraumes

DM etwa gleichstarke Läufergruppen bilden

OR **Übung 1**

Zeit: 4–8 min.
Ort: Halle/Sportplatz (in Halle nur, wenn sie komplett zur Verfügung steht; sinnvoller auf Sportplatz ab April/Mai)
Ausführung: 2–4 6–9er-Gruppen bilden; Schüler traben leicht hintereinander her; Hintermann gibt kurzes akustisches Signal (z. B. „Hopp") und übergibt Staffelstab, Vorderläufer muss auf „Hopp" rechten Arm nach hinten bringen (vgl. **BB**); wenn Staffelstab vorne angekommen, 180° Drehung, S1 jetzt letzter Läufer, der Staffelstab an S2 übergibt etc.

leichter Trab – auf „Hopp" von S3 übergibt S3 Staffelstab an S2 etc.

S3 S2 S1 →

gesamten Sportplatz nutzen

Leichtathletik

| 1 | 2 | 3 |
| 4 | 5 | 6 |

Sinnvolle Übergabetechnik Anlaufraum – Wechselraum (offizielle Maße)
(von unten nach oben)

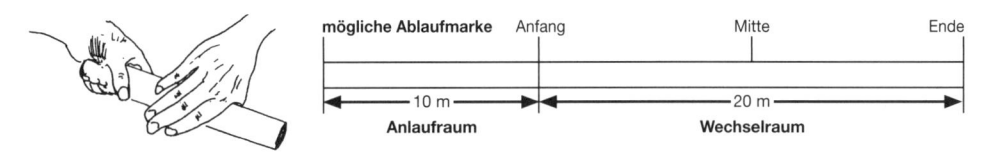

mögliche Ablaufmarke — Anfang — Mitte — Ende
|←— 10 m —→|←——— 20 m ———→|
Anlaufraum — Wechselraum

Anmerkung: Maße für Sportunterricht evtl. modifizieren!

Übung 2

Zeit: keine Zeitangabe
Ort: Halle/Sportplatz (in Halle nur, wenn sie komplett zur Verfügung steht; sinnvoller auf Sportplatz ab April/Mai)
Ausführung: 2–4 6–9er-Gruppen bilden; wenn möglich immer 2er-Gruppen = Stab führender sprintet auf Partner (Stab übernehmender) im Anlaufraum; Üben nach Wettkampfbedingungen (d. h. mit Wechselraum + Anlaufraum – offizielle Maße der Räume können modifiziert werden), erst reduzierte Geschwindigkeit! Falls Bahnen vorhanden, diese nutzen, zumindest Wechsel-/Anlaufräume markieren, wenn Staffelpaar fertig, nächste 2er-Gruppe etc., alle Bahnen nutzen!

S1 sprintet los, übernimmt Staffelstab innerhalb des Wechselraumes

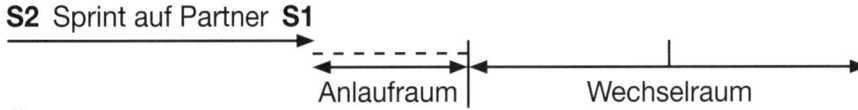

S2 Sprint auf Partner S1
→ | Anlaufraum | Wechselraum |

Übung 3

Ausführung: siehe **Übung 2**, Wechsel jetzt mit hohem Tempo üben, evtl. zum Schluss Staffeln komplett über 4 x 100 m laufen lassen oder 4 x 400 m (hier einfach auf Sicht wechseln; d. h. übernehmender Läufer schaut hinter sich und übernimmt so das Staffelholz)

4.1.2 *Springen*

Hochsprung (Fosbury Flop)

Leichtathletik

UM	deduktiv
SO	Ganzheitsmethode
KK	(hier: Sprungbein links) Doppelarmschwung beim vorletzten, etwas größeren Schritt, leichte Körperinnenlage [1]
	explosiver Abdruck vom Sprungbein, Schwungbein hochreißen, rechten Arm nach vorn-oben in Richtung Latte führen [2] [3]
	Hohlkreuz über Latte, Beine offen oder geschlossen [4] [5] [6]
	Landung: L-Haltung (zwischen Oberkörper und Beine) [7] [8]
MH	Vormachen (evtl. auch durch guten Schüler), wenn in Halle: evtl. Kastenoberteil (für längere Flugphase), Turnbänke (Unterbau für Weichbodenmatte), Turnmatten zwischen Bänke und Weichboden (Antirutsch) sowie zur Sicherheit auch um Weichbodenmatte
DM	ohne oder mit Zauberschnur/Latte; Höhendifferenzen (für bessere und schlechtere Schüler)
OR	**Übung 1**

    Zeit: 4–6 min.
    Ort: Halle/Sportplatz
    Ausführung: falls möglich 2 Anlagen aufbauen (in Halle 2 Bänke längs, 3 Turnmatten quer darauf, oben drauf Weichbodenmatte), entsprechende Verteilung der Schüler auf zwei Anlagen, Linksspringer laufen rechts an und umgekehrt, Ständer + Latte; Schüler springen aus kurzem Anlauf (3–4 Schritte) mit ihrem stärkeren (Sprungbein) auf Matte, ohne Latte oder Schnur; versuchen, L- Haltung bei Landung! Schnelles Springen (Reißverschlussverfahren–links-rechts-links rechts etc.

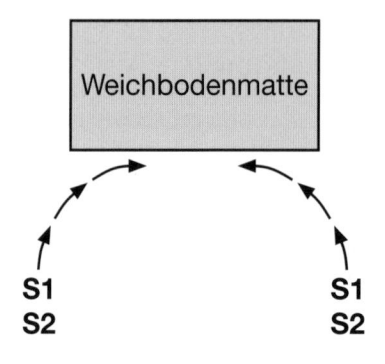

Leichtathletik

Übung 2

Zeit: keine Zeitangabe
Ort: Halle/Sportplatz
Ausführung: falls möglich 2 Anlagen aufbauen (siehe **Übung 1**), entsprechende Verteilung der Schüler auf zwei Anlagen, voller Anlauf (etwa 5-9 Schritte) temposteigernd bis Absprung mit niedriger Lattenhöhe; auf Hohlkreuz bei Lattenüberquerung achten

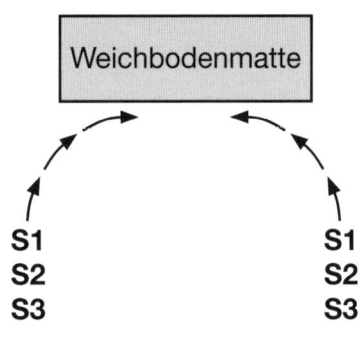

Übung 3

Ausführung: zur Verbesserung der Technik über der Latte (Hohlkreuz!) Erhöhung der Absprungstelle, z. B. durch Kastenoberteil, um längere Flugphase zu erreichen; Organisation siehe **Übung 1** (mit Kurzanlauf); diese Übung kann auch nach **Übung 1** durchgeführt werden, aber mit aufgelegter Latte: Lattenhöhe sehr gering, Höhe kann durch Lehrer oder guten Schüler (Vereinsleichtathlet) festgelegt werden

Weitsprung (Hangsprungtechnik)

Leichtathletik

UM deduktiv

SO Ganzheitsmethode

KK

Anlauf:	ist ein Steigerungslauf bis Maximalgeschwindigkeit; Blick nach vorne (nicht auf Absprungbalken!)	1
Absprung:	Anwinkeln, dann Hängenlassen des Schwungbeins	1 2 3
Flugphase:	Hangphase - Ober-/Unterschenkel = rechter Winkel, Hüfte vorgedrückt; Arme stabilisieren (seitlich gestreckt oder nach oben)	4
Landung:	Arme und Beine gleichzeitig nach vorne bringen; möglichst nicht hinter letzten Fußabdruck fallen	5 6 7

MH Vormachen (evtl. auch durch guten Schüler); Stäbe oder Seile bzw. Stöcke auf Sportplatz

DM evtl. bessere und schlechtere Techniker in eine Gruppe

OR

Übung 1

Zeit: 8–10 min.; Seil-/Stab-/Stockhalter austauschen
Ort: Sportplatz
Ausführung: Schüler in 6–12er-Gruppen (falls nur eine Weitsprunggrube vorhanden ist, müssen alle hier springen); Seil, Stab oder Stock werden 20–50 cm hoch und etwa 1,50 m hinter Absprungbalken gehalten (soll verhindern, dass Schüler zu flach springt); Schüler springen bei **Übung 1** mit verkürztem Anlauf, sollen sich auf Hang konzentrieren, daher nicht zu flach springen, damit Flugphase etwas länger dauert

```
                                     Seil-/Stab-/Stockhalter
                                     ┌──────────────────┐
   S 6, 5, 4, 3, 2, 1                │  Weitsprunggrube │
                                     └──────────────────┘
                                     Seil-/Stab-/Stockhalter
   Abstand (meist Parallelanlagen)
                                     Seil-/Stab-/Stockhalter
                                     ┌──────────────────┐
   S 6, 5, 4, 3, 2, 1                │  Weitsprunggrube │
                                     └──────────────────┘
                                     Seil-/Stab-/Stockhalter
```

falls Stäbe oder Stöcke genutzt werden nur ein Halter !!

Leichtathletik

BB

| 1 | 2 | 3 | 4 |
| 5 | 6 | 7 |

Übung 2

OR

Zeit: keine Zeitangabe, Seil-/Stab-/Stockalter austauschen
Ort: Sportplatz
Ausführung: Schüler in 6–12er Gruppen (falls nur 1 Weitsprunggrube vorhanden ist, müssen alle hier springen); Seil, Stab etc. nur noch bei den ersten Sprüngen, dann weglassen! voller Anlauf (Markierung z. B. mit Taschentuch, anderem Schuh oder irgendeinem Gegenstand vornehmen), Distanz von Absprungbrett bis Markierung mit Fußschritten ausmessen und immer mit gleichem Fuß dort wieder anlaufen (Kontrolle durch Lehrer, ob die Markierung versetzt werden muss)

Seil-/Stab-/Stockhalter

S 6, 5, 4, 3, 2, 1   Weitsprunggrube

Seil-/Stab-/Stockhalter

Abstand (meist Parallelanlagen)

Seil-/Stab-/Stockhalter

S 6, 5, 4, 3, 2, 1   Weitsprunggrube

Seil-/Stab-/Stockhalter

falls Stäbe oder Stöcke nur ein Halter

Christoph Becker: Handbuch der Sportmethodik · Band 2 · Best.-Nr. 623 · © Brigg Pädagogik Verlag GmbH, Augsburg

4.1.3 Werfen und Stoßen

Ballweitwurf

Leichtathletik

UM	deduktiv
SO	Ganzheitsmethode
KK	(Rechtshänder) Anlauf über etwa 10–12 Schritte (ca. 7–10 m), Ball wird auf Kopfhöhe so gehalten, dass Wurfarm etwa rechtwinklig neben Kopf geführt wird ①
	bei 6.-8. Schritt Ballrückführung, (Arm noch leicht beugen), Arm steht etwas seitlich vom Körper ab ② ③
	vorletzter Schritt als Impulsschritt etwas flacher und länger; komplette Ausholbewegung mit Ball nach hinten/unten, leichte Körperrücklage sowie Verdrehung/Verwringung zwischen Becken- und Schulterachse ④ ⑤
	letzter Schritt bereitet Abwurf vor, Wurfarm wird peitschenartig nach vorne geschlagen, Abflugwinkel des Balles ca. 35-40°, hohe Körperspannung ⑥ ⑦ ⑧ ⑨
	Abfangen des Schwunges mit rechtem Bein ⑩
MH	Vormachen (evtl. auch durch guten Schüler); Bälle, Kurzstäbe, Kurzstöcke, Bandmaß
DM	Reihen mit größeren und kleineren Wurfdistanzen bilden (abhängig von jeweiligen Wurfstärken)

OR **Übung 1**

Zeit: 12–14 min.; Rückwerfer austauschen
Ort: Sportplatz
Ausführung: Schüler bilden 6–9er-Gruppen; bei Ballmangel auch Kurzstäbe/ Kurzstöcke; mit langsamem, dann schneller werdendem Anlauf und Ausführung werfen (Lehrer und auch Schüler, die gerade nicht werfen können, beobachten die Technik ihres werfenden Mitschülers und vergleichen mit **BB** und **KK**); Reihen stehen an Fußballtorauslinie oder bei Platzmangel an Seitenlinie (dann max. 50 m möglich).

S 6, 5, 4, 3, 2, 1 ← ca. 10–25 m Distanz → **Rückwerfer**

Abstand ca. 6–8 m

S 6, 5, 4, 3, 2, 1 ← ca. 25–40 m Distanz → **Rückwerfer**

S 6, 5, 4, 3, 2, 1 ← ca. 40–60 m Distanz → **Rückwerfer**

Leichtathletik

BB

OR

Übung 2

Zeit: 14–18 min.; Rückwerfer austauschen
Ort: Sportplatz
Ausführung: Schüler bilden 6–9er-Gruppen; versuchen, Ball mit voller Stärke zu werfen (jeder mindestens jeder 6–8 Versuche); Versuche messen. Alles andere siehe oben!

Kugelstoß

Leichtathletik

UM deduktiv

SO Teillernmethode/Ganzheitsmethode

KK (Beschreibung für Rechtshänder)
Ausgangsstellung: Körpergewicht ruht auf Standbein ⟨1⟩

Angleiten: kräftiger Abstoß mit Stand- (Angleitbein) – Fuß des Angleitbeins flach über Boden ziehen (kaum Bodenberührung); Blick und Schwungarm nach hinten gerichtet ⟨2⟩ ⟨3⟩

Stoßauslage: Körpergewicht auf hinterem, gebeugten Bein; Stemmbein vor Abstoßbalken aufsetzen; Kugel befindet sich über Standfuß (hinterem Fuß) ⟨4⟩ ⟨5⟩

Ausstoß: hinteres Bein und Rumpf strecken, Eindrehen von Fuß, Knie, Hüfte und Rumpf; Stemmbein + Stoßarm strecken, andere Seite fixieren; Kugel verlässt Hand, Umspringen auf anderen Fuß ⟨6⟩ ⟨7⟩ ⟨8⟩

MH Vormachen (evtl. auch durch guten Schüler), Bewegungserklärung (warum Beinarbeit so wichtig), alte Tennisbälle

DM verschieden schwere Kugeln, Anfänger in jedem Fall bei Jungen max. 4 kg-Kugeln, Mädchen 3 kg-Kugeln (auch altersabhängig)

OR **Übung 1**

Zeit: 4–6 min.; Beobachter wechseln
Ort: Sportplatz/Halle
Ausführung: ohne Kugel (trocken); Schüler stellen sich in zwei Linien auf: hintere Linie beobachtet den Trockenstoß der vorderen Linien, nach 2–3 Trockenstößen durchwechseln, zunächst langsame Ausführung wie in **KK** beschrieben (alles ohne Kugel)

S1 S2 S3 ... = Beobachter (korrigieren mit Hilfe des **KK**)

S1 S2 S3 ... = Stoßer

↓ ↓ ↓ = angedeutete Stoßrichtung

Beobachter können sich auch jeweils neben ihren Partner stellen!

Leichtathletik

So liegt die Kugel in der Hand!

BB

1 2 3 4 5 6 7 8

Übung 2

OR

Ausführung: siehe **Übung 1**, nur mit Tennisbällen oder anderen leichten bzw. leicht handhabbaren Bällen, z. B. 80 g oder 200 g schweren Bällen

Übung 3

OR

Zeit: keine Zeitangabe; Partner (Beobachter) austauschen
Ort: Sportplatz/Halle
Ausführung: 6–14er-Gruppen, je nachdem wie viele Kugelstoßanlagen bereitstehen; 1–2 Schüler, die nicht stoßen oder Partner korrigieren; zunächst (vor allem Anfänger) mit leichten Kugeln stoßen lassen (auch altersabhängig bzw. abhängig vom Können)

Beobachter
S3 S2 S1   ***Beobachter stehen neben Stoßer, nie im Stoßsektor!***
Beobachter

Erst stoßen alle Kugeln, dann gemeinsames Einsammeln der Kugeln wegen der Verletzungsgefahr!

Übung 4

OR

Ausführung: siehe **Übung 3**, falls Gesamtablauf nicht zufriedenstellend, Standstöße machen; danach noch mal mit Angleiten; Fortgeschrittene können jetzt auch mit schwereren Kugeln 5 kg bzw. 6 kg, je nach Altersklasse, stoßen – Sicherheitsbestimmungen unbedingt einhalten (siehe **Übung 3**); Weite messen

Speerwurf

Leichtathletik

UM	deduktiv
SO	Teillernmethode/Ganzheitsmethode
KK	(Beischreibung für Rechtshänder)

Anlauf: geradliniger Steigerungslauf etwa 4–6 oder 12–14 Schritte (hängt von Könnensstufe ab) [1]

gestreckter Arm nach Speerrücknahme (Speerspitze in Augenhöhe), fließender Übergang [2] [3]

vor Wurfauslage: dynamischer Impulsschritt [4] [5]

Stemmbein gestreckt [6]

Bogenspannung (Hüfte-Schulter-Wurfarm), fließender Übergang [7]

Wurfauslage: Ausweichen nach links [8]

Nachpeitschen des Wurfarms [9]

Abfangen des Schwunges mit rechtem Bein [10]

MH Vormachen (evtl. auch durch guten Schüler), Bewegungserklärung, rhythmisierende Silben für rhythmische Schrittfolgen üben (tam tam-tam)

DM leichtere Speere (z. B. weniger als 600 g), auch für Jungen, sofern vorhanden

OR **Übung 1**

Zeit: 4-6 min.; Durchwechseln bei Partnerübungen
Ort: Sportplatz
Ausführung: 2er-Gruppen, Trockenübungen ohne Speer; Schüler machen Bewegungsablauf wie in **KK** – etwa 2–3 Mal – sehr langsam = gehen statt anlaufen (quasi Zeitlupe) - in Partnerarbeit; Partner beobachtet genau z. B. mit **KK** in Hand, da Bewegungsablauf sehr schwierig

S1 —— Partner beobachtet ——▶ angedeuteter „trockener" Speerwurf

S2 etc.

Leichtathletik

Zwei Griffvarianten
a) Daumen -Mittelfinger-Griff
b) Zangengriff

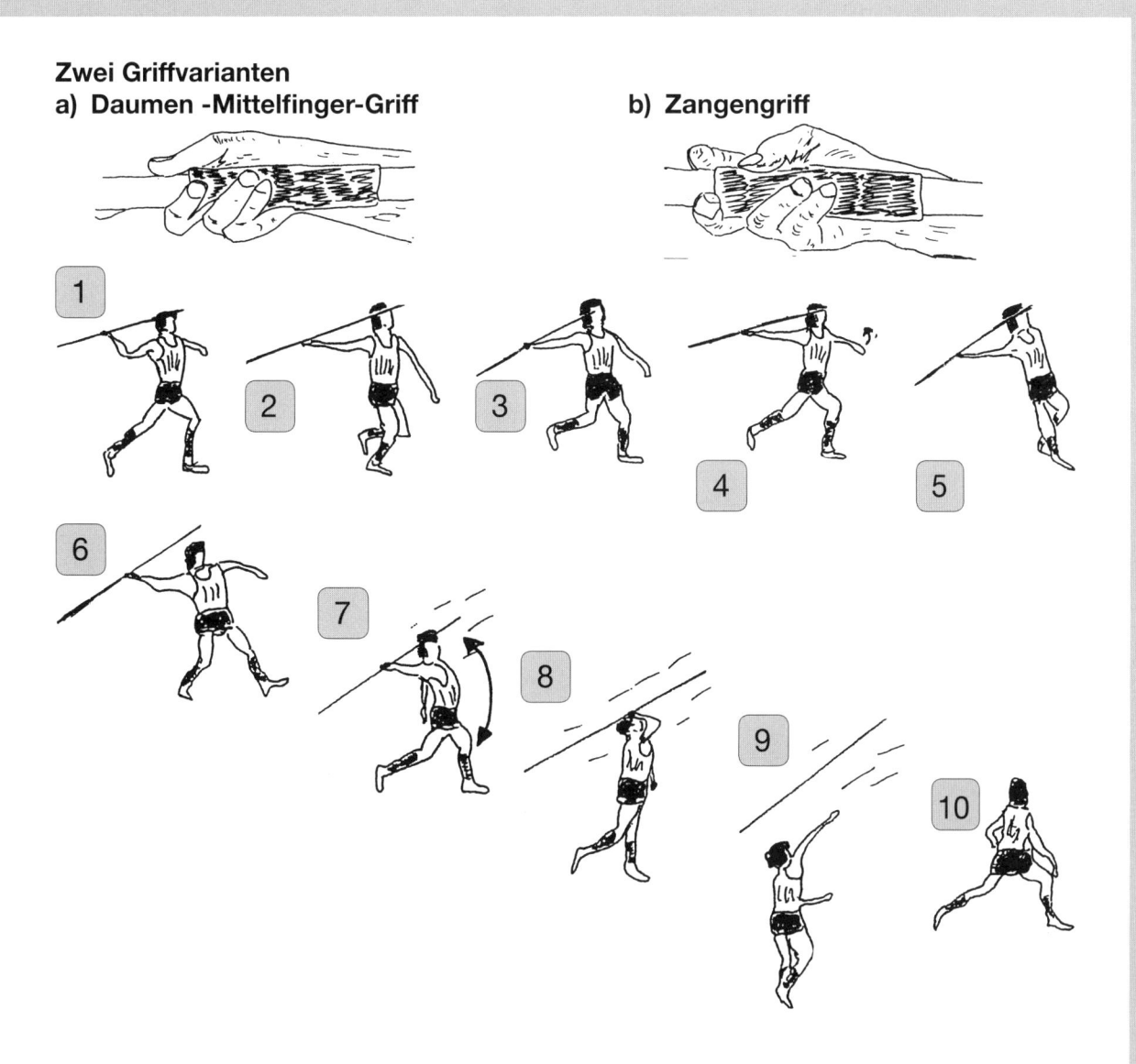

BB

Übung 2

OR

Zeit: 14–18 min.
Ort: Sportplatz – Durchwechseln Werfer/Beobachter
Ausführung: 2–4 6/8er-Gruppen, abhängig von Speeranzahl; z.B. an Seitenlinie des Fußballfeldes in Linien hintereinander aufstellen; Schüler machen Gesamtbewegung jetzt mit (leichtem) Speer, Anlauf aber nicht zu lange wählen, zunächst noch mal sehr langsame Ausführung (Angehen), dann Anlauftempo erhöhen; erst werfen alle, dann werden Speere gemeinsam geholt und Wurfsektor freigemacht – **Verletzungsgefahr!**

```
         Partner beobachtet
S1  ─────────────────────►  zunächst Speerwurf aus Gehen,
                            dann aus langsamem Anlauf
S2 etc.
```

Übung 3

OR

Ausführung: siehe **Übung 2**, Gesamtbewegung schneller, Speere auch auf entsprechendes Gesamtgewicht erhöhen (entscheidet Lehrer); Weite messen; falls Speerwurfsektor vorhanden, auch einmal unter Wettkampfbedingungen werfen!

5 Schwimmen

5.1 Einführung

Aus der Geschichte

Der Mensch ist zwar nicht für das Schwimmen geboren, doch gehen Zeugnisse über schwimmende Menschen bis in die ägyptische Geschichte zurück, weit vor der Entstehung des Alten Reichs. Auch von Römern und Griechen wird uns durch antike Philosophen vom Schwimmen berichtet, ebenso durch mittelalterliche Dichter, die dem Schwimmen einen hohen Stellenwert bei den Germanen einräumen. Erst im 16. Jahrhundert wird dem Schwimmen auch ein gesundheitlicher bzw. pädagogischer Wert bescheinigt. Im 19. Jahrhundert beschäftigen sich bekannte Pädagogen wie etwa GutsMuths mit der Kunst des Schwimmens. Schwimmen gehört von Anfang der Modernen Olympischen Spiele 1896 an als fester Bestandteil zum olympischen Programm.

Der nationale Dachverband der Schwimmer (DSV), der 1886 gegründet wird und seinen Sitz in München hat, ist wie alle Schwimmverbände für die Wassersportarten Sportschwimmen, Wasserspringen, Wasserball, Kunst- und Synchronschwimmen zuständig. Im Schwimmsport gibt es zwei internationale Dachverbände: die 1908 gegründete Federation Internationale de Natation Amateur (FINA) mit Sitz in Barcelona und die 1926 gegründete Ligue Europeenne de Natation (LEN) mit Sitz in Loughborough. Schwimmen ist spätestens seit den Erfolgen durch Franziska van Almsick in den 1990er Jahren auch in Deutschland wieder etwas populärer.

Strukturbild

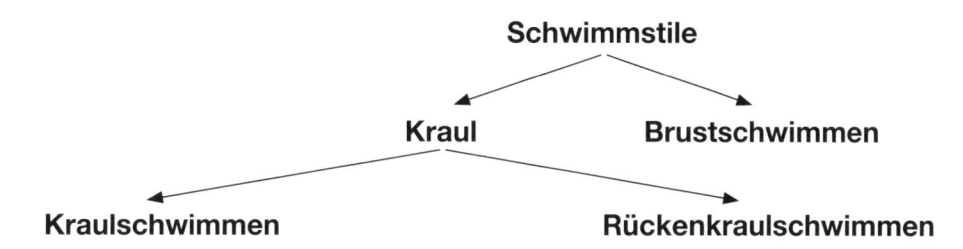

```
                    Schwimmstile
                    /          \
                Kraul          Brustschwimmen
                /   \
    Kraulschwimmen   Rückenkraulschwimmen
```

5.1.1 *Schwimmstilarten*

Brustschwimmen (Armzug und Atmung)

Schwimmen

UM	deduktiv		
SO	Teillernmethode		
KK	**Gleitphase:**	Körper gestreckt im Wasser; Handflächen zeigen nach unten, sie sind knapp unter der Wasseroberfläche	1
	Drehphase/Zugphase:	Auswärtsbewegung der Arme, Hände nach außen drehen, wobei Daumen nach unten zeigen; Kopf aus Wasser nehmen	2
	Zug-Druck-/Einatmungsphase:	Arme gleichzeitig nach rückwärts-abwärts und einwärts (Abknicken der Ellbogengelenke) führen, Handflächen mit Fingern bleiben geschlossen; Kopf kurz aus Wasser heben, um einzuatmen	3
	Schwungphase:	Arme werden ähnlich wie ein Dreieck	4 5 6
		wieder in die Position der Gleitphase gebracht	7

MH Vormachen (evtl. auch durch guten Schüler), Auftriebshilfe (z. B. pull-boys oder Schwimmbretter zwischen Beine klemmen)

DM Fortgeschrittene beginnen bei **Übung 3**, wobei sie versuchen, z. B. am Beckenrand längere Distanzen ohne Beinunterstützung zu schwimmen

OR **Übung 1**

Zeit: 4–8 min.; Beobachter wechseln
Ort: Schwimmbad
Ausführung: Beginn im Nichtschwimmerbecken (ca. 1 m Wassertiefe); Üben der Dreh-/Zugphase wie in **KK**, nur ohne dabei im Wasser zu liegen, sondern im Gehen durch das Wasser; falls dieses zu flach ist, etwas in die Knie gehen; Partner geht an Beckenrand mit und beobachtet, korrigiert etc.

Partner beobachtet **Partner** beobachtet … geht mit Schwimmer mit
S1 ⟶ S1 ⟶ S3

Dasselbe am gegenüberliegenden Beckenrand; so organisieren, dass man sich nicht in die Quere kommt.

Schwimmen

BB

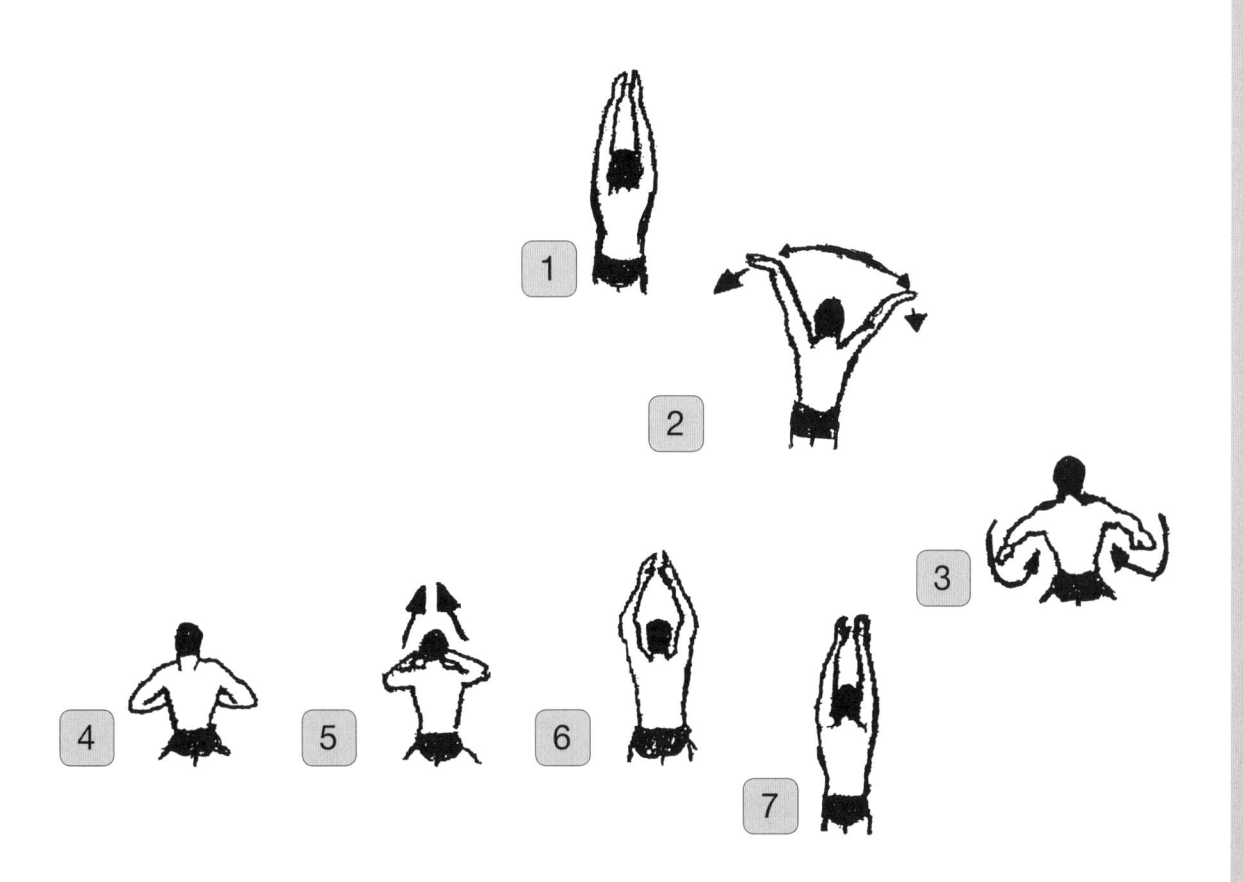

Übung 2

OR

Zeit: 10–16 min.; Partner/Schwimmer wechseln
Ort: Schwimmbad
Ausführung: Nichtschwimmerbecken: partnerweise arbeiten; Schwimmer macht Armzug und Atmung wie in **KK**, Partner hält ihn hinten an den Beinen (Fußfessel) fest, geht mit Schwimmer mit; organisatorisch am geschicktesten, wenn von Beckenrand zu Beckenrand parallel nebeneinander geübt wird (damit man sich nicht gegenseitig behindert); evtl. in zwei Linien hintereinander weg!

Partner Partner Partner Partner (halten hinten an den Beinen fest)
S   S   S   S   etc.
↓   ↓   ↓   ↓

Übung 3

OR

Ausführung: siehe **Übung 2**, versuchen, mehrere Armzüge mit Atmung ohne Partnerhilfe zu machen,
Wettkämpfe mit Auftriebshilfen in Form von verschiedenen Staffeln
Bsp.: Staffelqueren das Schwimmbecken im Nichtschwimmerbereich – d.h. nicht längs, sondern quer durch Becken = kürzere Strecke, Beine bleiben hinten hängen (oder Unterstützung durch Auftriebshilfen)
Vortrieb nur durch Armzug

| S3 S2 S1 ⇌ S1 S2 S3   Mannschaft 1
| S3 S2 S1 ⇌ S1 S2 S3   Mannschaft 2 etc.

Je nach Anzahl der Schüler entsprechend viele Mannschaften bilden.

Brustschwimmen (Beinschlag)

Schwimmen

UM deduktiv

SO Teillernmethode

KK

Beugen:	Ausgangslage: Beine sind gestreckt, dann „anbeugen"	1 2
	froschähnliches Beugen der Beine, wobei die Fersen geschlossen zum Gesäß hin gezogen werden	3 4
Strecken:	kräftiges Strecken der Beine nach hinten außen; Füße auswärts gedreht, Fußspitzen zeigen zum Unterschenkel	5
Schließen:	Beine wieder schließen, Füße sind ebenfalls wieder gestreckt	6 7

MH Vormachen (evtl. auch durch guten Schüler), Auftriebshilfen, die benutzt werden können, sind besser als Partner (siehe bei **Übungen 1–3**)

DM Fortgeschrittene können das Brustschwimmen bereits im Sinne der Feinform erlernen (mit Hilfe der Ganzheitsmethode); wenn nötig, zunächst langsame Bein- oder Armzüge

OR **Übung 1**

Zeit: 4-8 min.; Durchwechseln der Partner
Ort: Schwimmbad
Ausführung: partnerweise üben; Üben im Nichtschwimmer-, d.h. flachen Becken; Partner hält Schwimmer an gestreckten Armen/Händen; Schwimmer versucht, nur durch Beinschlag Vortrieb zu bekommen wie in **KK**; falls dies bei machen noch nicht klappt, können sie sich am Beckenrand mit ausgestreckten Armen/Händen festhalten und Beinschlagbewegung auf diese Weise ausführen, Partner steht am Beckenrand (außerhalb des Beckens) und beobachtet; Schwimmer kann, wenn er sich sicherer fühlt, sich nur noch mit einer Hand am Beckenrand festhalten

S1 →→ **Partner** (hält S an gestreckten Armen/Händen)

Alternative: S hält sich mit beiden ausgestreckten Armen/Händen fest und macht Beinschlag– zunächst evtl. auch sehr langsam

Partner beobachtet am Beckenrand

↑S1↑

Schwimmen

Übung 2

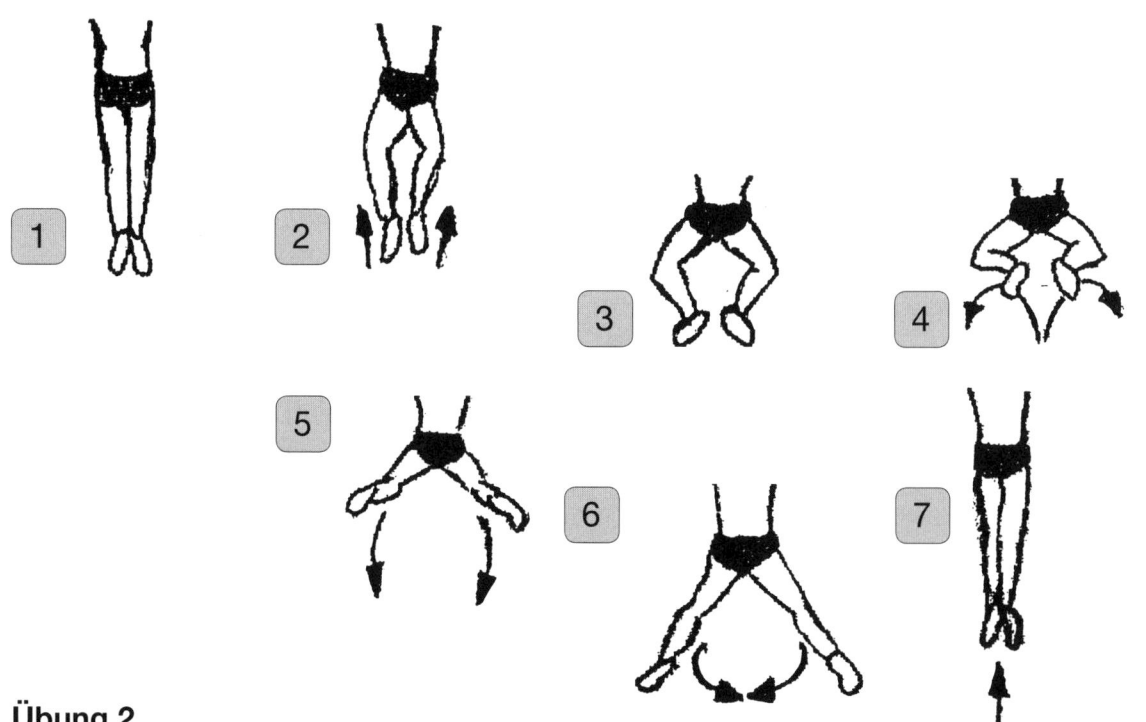

Ausführung: siehe **Übung 1**, Partner hält nur noch eine Hand fest, Arme/Hände des Schwimmers sind gestreckt, Fortgeschrittene können versuchen, gegen Partner zu schwimmen, der nun die Arme/Hände nicht nur hält, sondern dagegen drückt.

Übung 3

Ausführung: keine Zeitangabe, siehe **Übung 2**, versuchen, mehrere Züge/Beinschläge ohne Unterstützung durch Partner oder Auftriebshilfe durchzuführen

**Wettkämpfe mit Auftriebshilfen in Form von verschiedenen Staffeln
2 Beispiele**
Bsp. 1: Staffeln queren das Schwimmbecken im Nichtschwimmerbereich – d. h. nicht längs, sondern quer durch das Becken = kürzere Strecke

| S3 S2 S1 ⇌ S1 S2 S3   Mannschaft 1
| S3 S2 S1 ⇌ S1 S2 S3   Mannschaft 2 etc.

Je nach Anzahl der Schüler entsprechend viele Mannschaften bilden.

Bsp. 2: Staffel queren wie oben, aber z. B. S4-S3 bilden ein Paar, wobei S4 mit Händen an Füßen von S3 schwimmt, d. h. nur S4 erzeugt Vortrieb, beim nächsten Durchgang wechseln

| S4-S3 S2-S1 ⇌ S1-S2 S3-S4   Mannschaft 1
| S4-S3 S2-S1 ⇌ S1-S2 S3-S4   Mannschaft 2 etc.

Je nach Anzahl der Schüler entsprechend viele Mannschaften bilden.

Brustschwimmen (Gesamtbewegung)

Schwimmen

UM deduktiv

SO Ganzheitsmethode

KK

Gleitphase:	Körper liegt gestreckt im Wasser	1
Dreh-/Zugphase:	Auswärtsbewegung der Arme, Hände nach außen drehen, Daumen zeigen nach unten; Beginn der Beinbeuge	2
Druckphase:	Arme gleichzeitig nach rückwärts-abwärts und einwärts (Abknicken der Ellbogengelenke) führen; Oberarme und Ellbogen nicht weiter als Schulterachse zurücknehmen; Handflächen mit Fingern bleiben geschlossen; Beine anziehen, Fersen in Richtung Gesäß führen; Einatmen (Kopf kurz aus Wasser nehmen)	3
Schwungphase:	Arme ähnlich wie ein Dreieck wieder in die Position der Gleitphase bringen	4 5
	Schlagen der Unterschenkel, Beine strecken; Kopf zum Ausatmen unter Wasser	6 7

MH Vormachen (evtl. auch durch guten Schüler), evtl. Auftriebshilfen als Erleichterung zur besseren Kontrolle der Gesamtbewegung

DM Anfänger bzw. Ungeübte zunächst sehr langsame Ausführung, so dass die Bewegung von Schwimmer nachvollzogen werden kann; Fortgeschrittene üben bereits Feinform (evtl. bereits im Schwimmerbecken)

OR **Übung 1**

Zeit: 8–10 min.; Partner/Schwimmer wechseln
Ort: Schwimmbad
Ausführung: Nichtschwimmerbecken: partnerweise arbeiten; Gesamtbewegung gemäß **KK** ausführen; Partner schiebt auftriebsunterstützend ganz leicht Arme parallel unter Bauch und geht in Schwimmrichtung mit, im Becken so organisieren, dass niemand behindert wird; von Beckenrand zu Beckenrand nebeneinander üben (in Linienaufstellung – partnerweise nebeneinander)

Partner → (Arme parallel, unterstützend unter Schwimmer) geht in Schwimmrichtung
S1

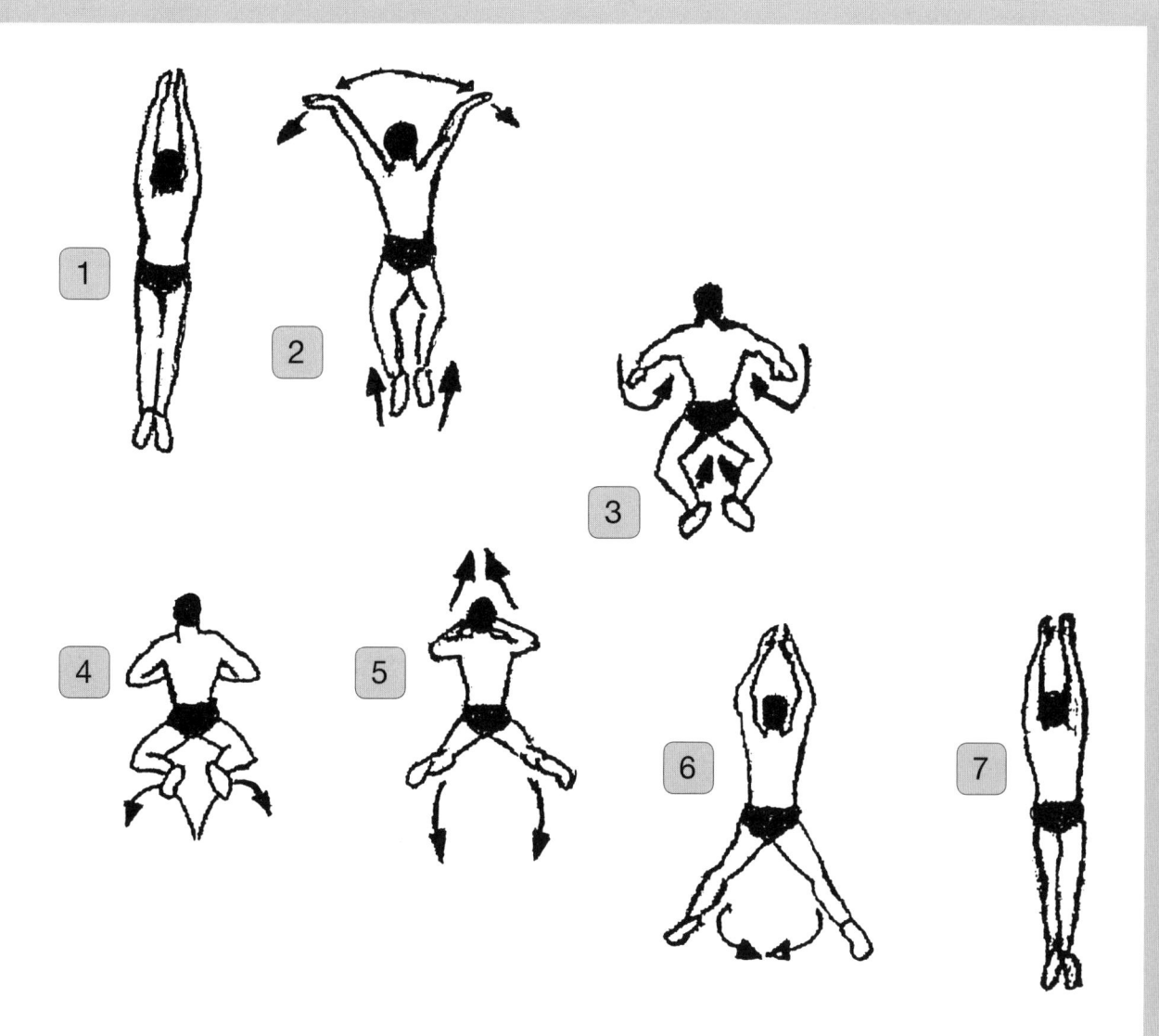

Schwimmen

Übung 2

Zeit: 10–14 min.
Ort: Schwimmbad
Ausführung: Nichtschwimmerbecken, 2–3 Linien à 6–10 Schüler bilden, von Beckenrand zu Beckenrand ohne Partnerhilfe hintereinander schwimmen; falls dies noch nicht ohne Hilfe klappt, nochmals so lange mit Partner üben (Lehrer bestimmt zuverlässigen Partner, dass es Fortgeschrittene nicht behindert!)

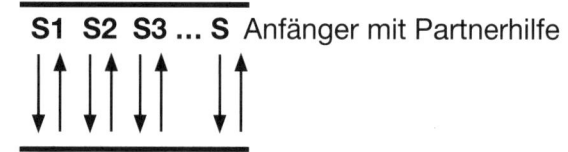

```
Beckenrand
S1  S2  S3 ... S   Anfänger mit Partnerhilfe
↕   ↕   ↕      ↕
```

Übung 3

Ausführung: siehe **Übung 2**, sobald Nichtschwimmerbecken sicher durchquert wird, im Schwimmbecken üben (ebenfalls zunächst queren), Unsichere können noch im Nichtschwimmerbecken ohne Partnerhilfe üben; wer immer noch unsicher ist, muss im Schwimmerbecken sicherheitshalber Schwimmflügel tragen! Evtl. parallel zum Üben auch Einzeldemonstrationen, damit Lehrer immer wieder bei Gesamtbewegung individuell korrigieren kann.

Kraulschwinnen (Armzug und Atmung)

Schwimmen

UM deduktiv

SO Teillernmethode

KK **Schwungphase:** Arm (rechter) wird mit hohem Ellbogen über Wasser nach vorn zum Eintauchen geführt; nachdem Arm aus Wasser geführt wird, Körper und Kopf leicht zu dieser Seite drehen, hier alle zwei Armzüge einatmen — 1 2 3

Zug-/Druckphase: Arm (linker) beginnt in diesem Moment die Zugphase, indem eine leichte Auswärtsbewegung der Hand und des gestreckten Arms erfolgt; Ellbogen beugen, die Hand macht eine Einwärts-Auswärtsbewegung, etwa Hier ausatmen, Arm etwa bis Schulterachse rückwärts ziehen; Arm Richtung Oberschenkel strecken — 1 – 6

MH (evtl. auch durch guten Schüler), Auftriebshilfen

DM unterschiedliche Übungen je nach Könnensstand (siehe **Übung 1**)

OR **Übung 1**

   Zeit: 4–6 min.; Durchwechseln Schwimmer–Partner
   Ort: Schwimmbad
   Ausführung: Nichtschwimmerbecken: partnerweise arbeiten; Schwimmer macht Kraulschlag im Stand, Oberkörper abgebeugt, so dass Kraulschläge Wasser schaufeln und Vortrieb erzeugt wird, dabei einfach mit dem Vortrieb mitgehen, Partner beobachtet von Beckenrand oder im Wasser Armzug gemäß **KK**

   Partner beobachtet, geht auch mit
   S ⟶

   Fortgeschrittene können bereits in Nichtschwimmerbecken Kraularmzüge machen (ohne Beinschlag); so üben, dass Anfänger nicht gestört werden.

Schwimmen

1 Zug mit linkem Arm rechter Arm aus Wasser

2 Zug mit linkem Arm rechter Ellenbogen aus Wasser

3 rechter Arm ins Wasser Druck mit linkem Arm

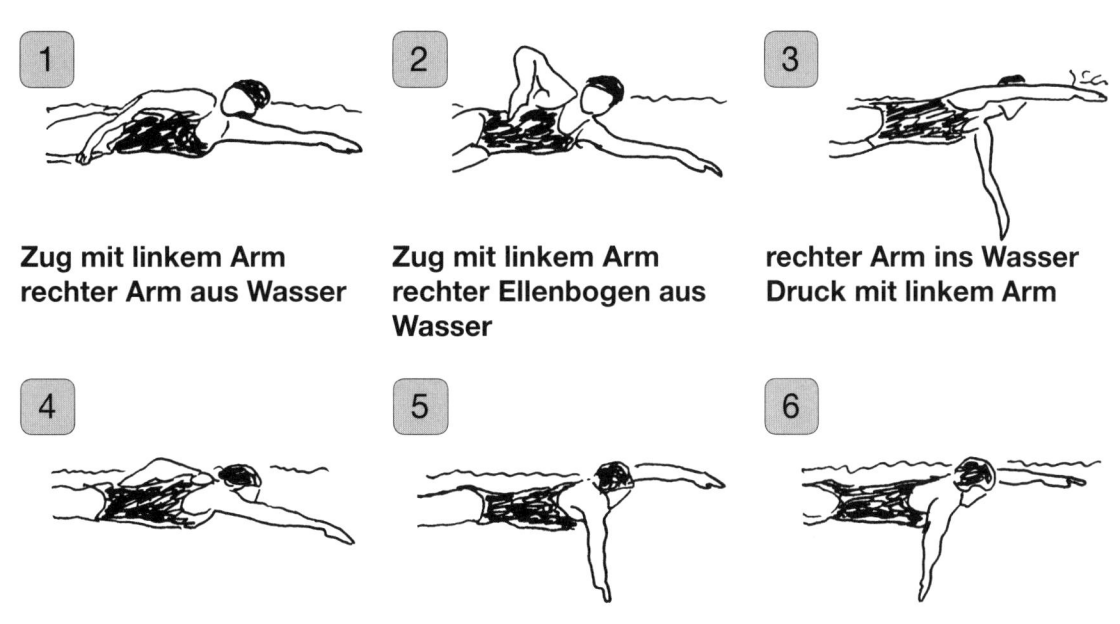

4 linken Arm nach hinten oben (aus Wasser führen) Zug mit rechtem Arm

5 Druck mit rechtem Arm linker Arm ins Wasser

6 Druck mit rechtem Arm (Zug mit linkem Arm)

BB

Übung 2

Zeit: 10–12 min.; Durchwechseln Schwimmer–Partner
Ort: Schwimmbad
Ausführung: Nichtschwimmerbecken: partnerweise arbeiten; Partner hält Schwimmer hinten an Füßen fest (unterstützt), Schwimmer macht Kraularmzüge gemäß **KK** von Beckenrand zu Beckenrand (quer); Fortgeschrittene üben wie in **Übung 1** für sich bzw. Lehrer teilt ein, wen sie unterstützen

Partner unterstützt an Füßen
═ S ⟶

OR

Übung 3

Zeit: 8–12 min.
Ort: Schwimmbad
Ausführung: Fortgeschrittene üben bereits im Schwimmerbecken, versuchen Beinschlag wegzulassen; Schwimmer, bei denen es noch nicht ganz klappt, üben ohne Partnerhilfe im Nichtschwimmerbecken

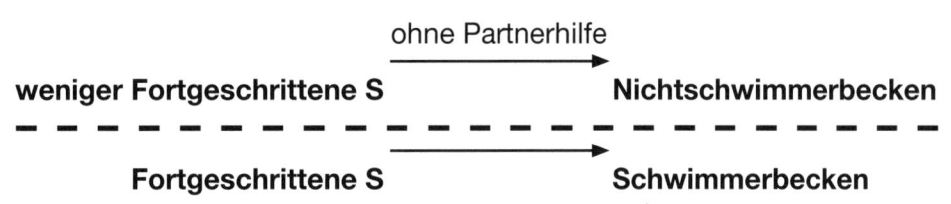

                    ohne Partnerhilfe
weniger Fortgeschrittene S ⟶ Nichtschwimmerbecken
– –
Fortgeschrittene S ⟶ Schwimmerbecken

OR

Christoph Becker: Handbuch der Sportmethodik · Band 2 · Best.-Nr. 623 · © Brigg Pädagogik Verlag GmbH, Augsburg

Kraulschwimmen (Beinschlag)

Schwimmen

UM deduktiv

SO Teillernmethode

KK rechtes Bein (Oberschenkel) beginnt aus Hüfte heraus, sich nach unten zu bewegen   1

Beugung zwischen Unter- und Oberschenkel   2

Beinschlag nach unten, Streckung des Beines in der Abwärtsbewegung, Streckung der Fußspitzen (Abwärtsschlag kräftig ausführen)   3

Aufwärtsbewegung des Beines
linkes Bein geht nach unten, wenn rechtes nach oben geht!   4

MH Vormachen (evtl. auch durch guten Schüler), Auftriebshilfen, die statt Partner benutzt werden können, Schwimmbretter

DM unterschiedliche Übungen, je nach Könnensstand

OR Übung 1

    Zeit: 4–8 min.; Durchwechseln Schwimmer–Partner
    Ort: Schwimmbad
    Ausführung: Nichtschwimmerbecken: partnerweise arbeiten; Schwimmer macht Kraulbeinschlag mit eingehängten Armen und Unterstützung durch Partner; Fortgeschrittene ohne Partner üben dasselbe mit Auftriebshilfe im Nichtschwimmerbecken. Lehrer demonstriert Gebrauch der Auftriebshilfe.

        Partner beobachtet, am Beckenrand

        | | Arme einhängen in Beckenrandrinne,
       S   flach im Wasser liegen
       | | Beinschlag

    Fortgeschrittene üben mit Auftriebshilfe (Schwimmbrett), um sich auf Kraulbeinschlag konzentrieren zu können, im Nichtschwimmerbereich so üben, dass Anfänger nicht gestört werden.

Schwimmen

BB

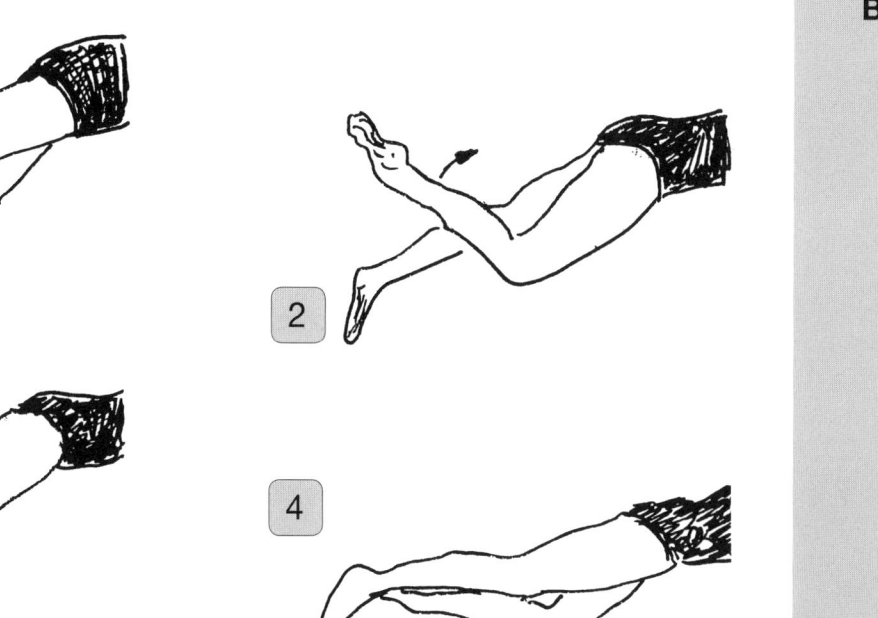

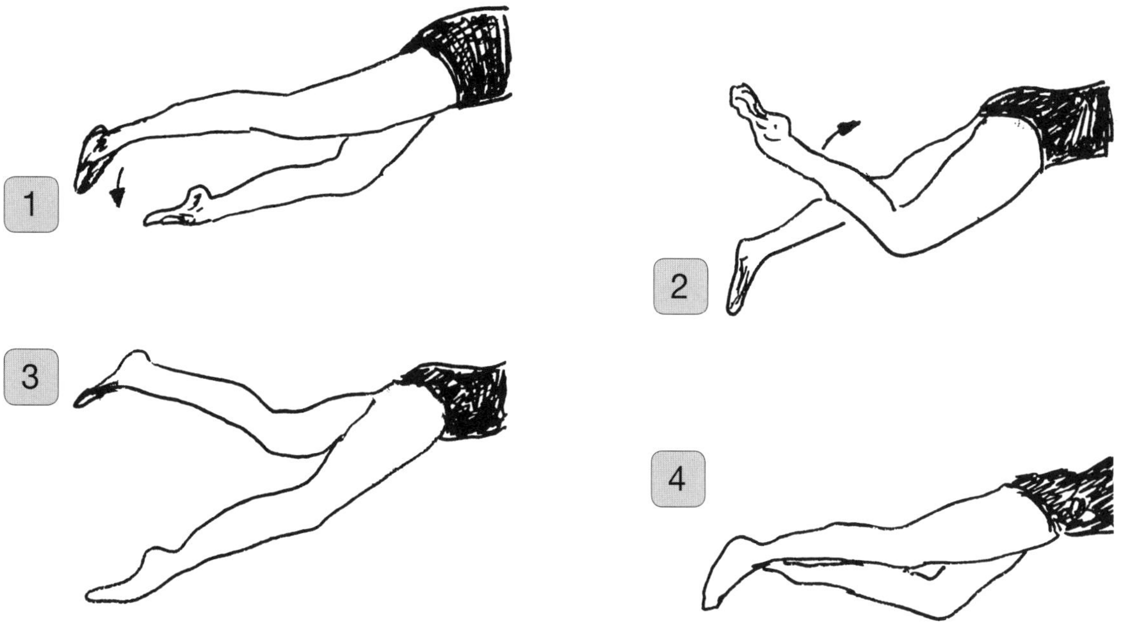

[figures 1, 2, 3, 4 showing kraul leg kick phases]

Übung 2

Zeit: 10–14 min.; Durchwechseln Schwimmer–Partner
Ort: Schwimmbad
Ausführung: Nichtschwimmerbecken: partnerweise arbeiten; Partner geht mit, unterstützt Schwimmer an Händen, der macht Kraulbeinschlag gemäß **KK**; von Beckenrand zu Beckenrand üben (in Linie); Fortgeschrittene können mit Auftriebshilfe bereits im Schwimmerbereich üben.

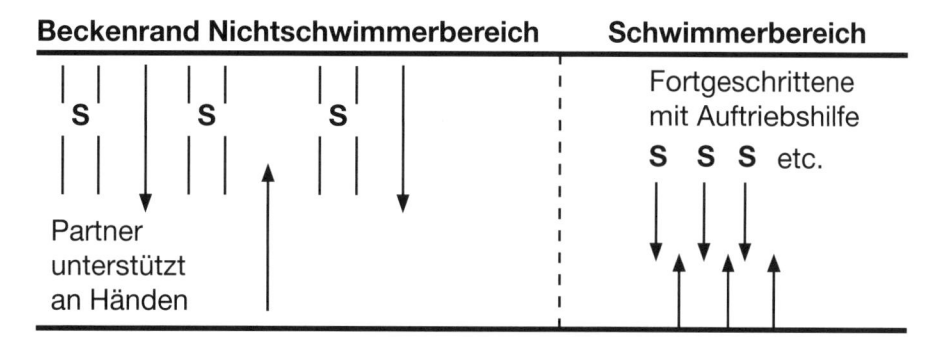

OR

Beckenrand Nichtschwimmerbereich	Schwimmerbereich
S S S (Partner unterstützt an Händen)	Fortgeschrittene mit Auftriebshilfe S S S etc.

Übung 3

Ausführung: siehe **Übung 2**, alle versuchen, mit Auftriebshilfen Kraulbeinschlag zu machen, keine Partnerunterstützung mehr, so viel Vortrieb wie möglich erzeugen, falls noch etwas Angst vorhanden ist, kann auch im Nichtschwimmerbecken noch weiter geübt werden, bis Sicherheit da ist; Staffeln von Beckenrand zu Beckenrand organisieren – wer schwimmt am schnellsten nur mit Kraulbeinschlagantrieb?

OR

Kraulschwimmen (Gesamtbewegung)

Schwimmen

UM	deduktiv	
SO	Ganzheitsmethode	
KK	**Schwungphase:**	linker Arm wird mit hohem Ellbogen über Wasser nach vorn zum Eintauchen geführt
	Zug-/Druckphase:	rechter Arm: leichte Auswärtsbewegung der Hand und des gestreckten Arm; Ellbogen beugen, Hand macht Einwärts-Abwärtsbewegung, Arm nach rückwärts bis etwa Schulterachse ziehen, Richtung Oberschenkel Arm fast strecken, wieder zur Schwungphase (rechter Arm) über Ellbogen/Arme aus Wasser übergehen;
	Schwungphase:	Arm (rechts) etc.
	Beinarbeit während der o.g. Phasen	Bewegungsimpuls geht kontinuierlich von der Hüfte aus; Knie bleiben gestreckt – Beinschlag auf und ab nicht mehr als etwa 35–45 cm Atmung: nach jedem 2./3. Armzug seitlich nach rechts/links einatmen; unter Wasser durch Nase/Mund ausatmen

1 2 3

MH Vormachen (evtl. auch durch guten Schüler); wenn vorhanden, Flossen einsetzen als erste Erleichterung, Schnur/Band

DM Anfänger falls möglich mit Auftriebshilfen um Rumpf, damit Bewegungen zunächst langsam ausgeführt werden können

OR **Übung 1**

Zeit: 6–8 min.; Durchwechseln Schwimmer–Partner
Ort: Schwimmbad
Ausführung: Nichtschwimmerbecken: partnerweise arbeiten; Partner hebt Schwimmer an Schnur/Band, die um dessen Bauch gebunden ist, und unterstützt Wasserlage, geht mit Schwimmer mit, der gemäß **KK** Gesamtbewegung dadurch zunächst langsam ausführen kann; von Beckenrand zu Beckenrand in Linie üben.

S ⟶

Fortgeschrittene üben Gesamtbewegung, ohne andere zu behindern.

Schwimmen

1 beginnender Zug mit rechtem Arm
linker Arm nach hinten oben
(aus Wasser führen)

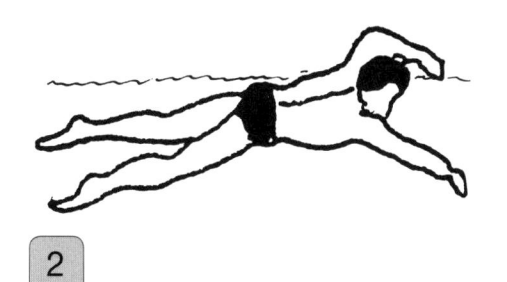

2 Zug mit rechtem Arm (Übergang zu Druckphase), linker Arm kurz vor Eintauchen ins Wasser (noch leicht gebeugt)

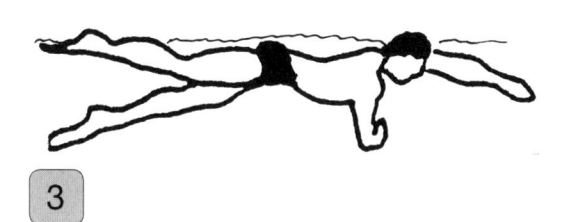

3 Druck mit rechtem Arm
beginnender Zug mit linkem Arm

Übung 2

Zeit: 12–16 min.; Durchwechseln Schwimmer–Partner
Ort: Schwimmbad
Ausführung: Nichtschwimmerbecken: partnerweise arbeiten; Schwimmer führt Gesamtbewegung gemäß **KK** aus, Partner beobachtet, falls möglich bereits ohne Auftriebs- oder sonstige Hilfen; von Beckenrand zu Beckenrand in Linie!

```
Partner  Partner  Partner  beobachten
                                       Beckenrand
  S        S        S      etc.
  ↓↑       ↓↑       ↓↑
```

Übung 3

Ausführung: siehe **Übung 2**, sobald Nichtschwimmerbecken sicher durchquert wird, im Schwimmerbecken üben (ebenfalls zunächst queren); unter Partnerbeobachtung Gesamtbewegung durchzuführen; evtl. parallel zum Üben auch Einzeldemonstrationen, damit Lehrer Gesamtbewegung individuell korrigieren kann.

Rückenschwimmen Kraul (Armzug)

Schwimmen

UM	deduktiv
SO	Teillernmethode
KK	**Schwungphase:** Kreisen des rechten gestreckten Armes über Wasser nach hinten ⟦1⟧
	Zug-/Druckphase: gestreckte Körperhaltung im Wasser, gerade Haltung des Kopfes, beim Eintauchen des Armes in Verlängerung des Körpers Hand und Finger strecken, Hand zieht zunächst, ⟦1a⟧ ⟦1b⟧ ⟦2⟧
	beim Vorwärtsbringen drückt sie ⟦3⟧
	Schwungphase: linker Arm im Wasser, wenn rechter Arm in Luft etc.
MH	Vormachen (evtl. auch durch guten Schüler), Auftriebshilfen für Rumpf
DM	unterschiedliche Übungen je nach Könnensstand (siehe **Übung 1**)
OR	**Übung 1**

Zeit: 3–4 min. (Gewöhnung); Durchwechseln Schwimmer–Partner
Ort: Schwimmbad
Ausführung: Nichtschwimmerbecken: Einzelarbeit; Schwimmer macht Kraulschlag im Stand, Oberkörper nach hinten abbeugen, so dass Kraulschläge Wasser schaufeln und Rücktrieb erzeugt wird, dabei einfach mit dem Rücktrieb mitgehen

Schwimmer machen Kraulschläge im Stehen,
gehen allmählich mit Rücktrieb mit

S ⟶   S ⟶

So üben, dass keiner behindert wird; Fortgeschrittene können bereits im Nichtschwimmerbecken Kraularmzüge rückwärts machen (ohne Beinschlag, aber in Schwimmlage, nicht im Stand).

Schwimmen

1 Seitenansicht

1a Rückansicht **1b** Seitenansicht

2 Rückansicht

3 Rückansicht

Übung 2

Zeit: 10–14 min.
Ort: Schwimmbad
Ausführung: Nichtschwimmerbecken: partnerweise arbeiten; Partner hält Schwimmer hinten an Füßen fest (unterstützt Wasserlage, geht aber in Schwimmrichtung mit), Schwimmer macht Kraularmzüge gemäß **KK** von Beckenrand zu Beckenrand (quer), Fortgeschrittene üben wie in **Übung 1** für sich bzw. Lehrer teilt ein, wen sie unterstützen

Partner unterstützt an Füßen ⎯ S ⎯⎯⎯→

Übung 3

Zeit: keine Zeitangabe
Ort: Schwimmbad
Ausführung: Fortgeschrittene üben bereits im Schwimmerbecken, versuchen, Beinschlag noch wegzulassen; Schwimmer, bei denen es noch nicht so gut klappt, ohne Partnerhilfe im Nichtschwimmerbecken.

ohne Partnerhilfe
weniger Fortgeschrittene S ⎯⎯→ **Nichtschwimmerbecken**

― ―

Fortgeschrittene S ⎯⎯→ **Schwimmerbecken**

Rückenschwimmen Kraul (Beinschlag)

Schwimmen

UM deduktiv

SO Teillernmethode

KK wechselseitiges Beinschlagen aus der Hüfte heraus, Auf- und Abbewegen der Beine, wobei Füße möglichst locker gehalten werden

[1] [2]

MH Vormachen (evtl. auch durch guten Schüler), Auftriebshilfen (Schwimmflügel falls vorhanden)

DM Übungen je nach Könnensstand (siehe **Übung 1**)

OR **Übung 1**

Zeit: 4–6 min.
Ort: Schwimmbad
Ausführung: Nichtschwimmerbecken: partnerweise arbeiten; Schwimmer macht Kraulbeinschlag mit am Beckenrand eingehängten Armen; Fortgeschrittene ohne Partner dasselbe mit Auftriebshilfe durch Nichtschwimmerbecken, etwa 1m Abstand zu den Nachbarn lassen

Partner beobachtet, am Beckenrand

| | Arme einhängen in Beckenrandrinne,
S flach im Wasser liegen
| | Beinschlag

Fortgeschrittene mit Auftriebshilfe an Armen (evtl. Schwimmflügel), um sich auf Kraulbeinschlag konzentrieren zu können; im Nichtschwimmerbereich so üben, dass Anfänger nicht gestört werden.

Schwimmen

Übung 2

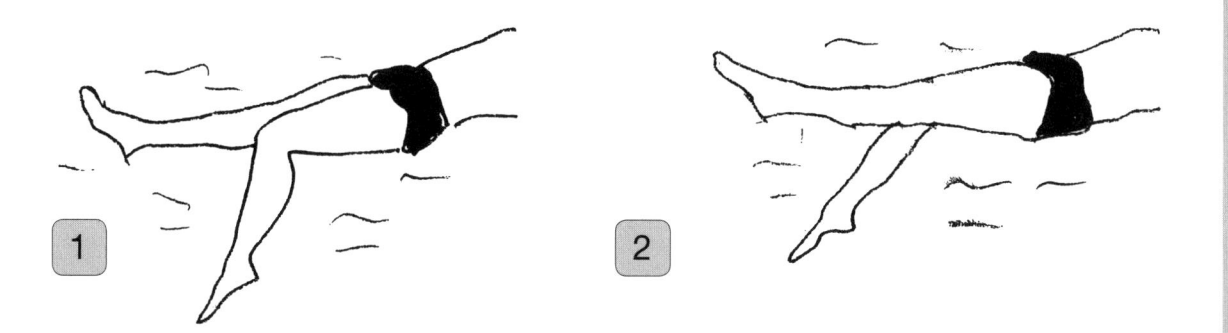

Zeit: 10–14 min.; Durchwechseln Schwimmer–Partner
Ort: Schwimmbad
Ausführung: Nichtschwimmerbecken: partnerweise arbeiten; Schwimmer macht Kraulbeinschlag gemäß **KK**, Partner unterstützt ihn unter dem Rücken zur besseren Wasserlage; Fortgeschrittene versuchen mit an den Körper angelehnten Armen, nur durch Beinschlag, sich über Wasser zu halten bzw. Rücktrieb zu erzeugen.

```
Beine   Arme
    S
   ┐P┌
```

Partner unterstützt unter Rücken/Gesäß, geht in Schwimmrichtung mit, wobei Schwimmer Arme nach hinten hält, falls das noch nicht klappt, Arme zunächst seitlich an Körper anlehnen

Übung 3

Ausführung: siehe **Übung 2**, Fortgeschrittene versuchen, mit nach hinten gestreckten Armen nur durch Beinschlag Rücktrieb zu erzeugen (zumindest ein paar Meter), die Übrigen versuchen nun das, was die Fortgeschrittenen in **Übung 2** geübt haben (mit seitlich am Körper angelehnten Armen nur durch Beinschlag Rücktrieb zu erzeugen).

Rückenschwimmen Kraul (Gesamtbewegung)

Schwimmen

UM	deduktiv
SO	Ganzheitsmethode
KK	**Beinschlag:** wechselseitig auf und ab, Beugung im Knie
	Schwungphase Armzug: über Wasser gestreckte rechte Arme, Einatmung ⬜1
	Zugphase: rechter Arm noch gestreckt, linker Arm zieht
	Druckphase: Arme werden gebeugt, um mehr Druck auf Wasser und mehr Bewegungsgeschwindigkeit zu erreichen, Ausatmen bis Ende der Druckphase erhöhen! ⬜2
	Kurze Übergangsphase: rechter Arm kurz vor Eintauchen, linker Arm kurz vor Wasseroberfläche ⬜3
MH	Vormachen (evtl. auch durch guten Schüler), evtl. Auftriebsmittel
DM	mögliche Einteilung nach ersten Versuchen in Nichtschwimmer- und Schwimmerbecken
OR	**Übung 1**

Zeit: 8–14 min.; Durchwechseln Schwimmer–Partner
Ort: Schwimmbad
Ausführung: Nichtschwimmerbecken: partnerweise arbeiten; Schwimmer macht Gesamtbewegung gemäß **KK**, Partner beobachtet im Nichtschwimmerbecken daneben oder von Beckenrand; frei verteilt im Nichtschwimmerbecken, so dass keine gegenseitige Behinderung besteht.

Partner beobachtet etc.

S ⟶   S ⟶

Fortgeschrittene versuchen, bereits im Schwimmerbecken von Beckenrand zu Beckenrand im Rückenkraul zu schwimmen; jeweilige Partner beobachten auch hier!

Schwimmen

1 Kreisen des rechten Arms nach hinten oben, Zug durch linken Arm (dann erfolgt Beugen und Druck)

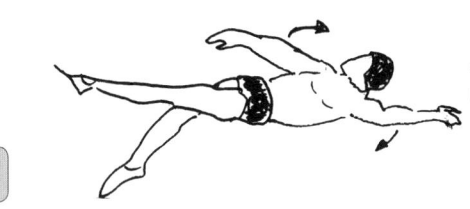

2 Druckphase linker Arm beendet, Beginn der Schwungphase = Arm aus Wasser bringen rechter Arm kurz vor Eintauchen ins Wasser

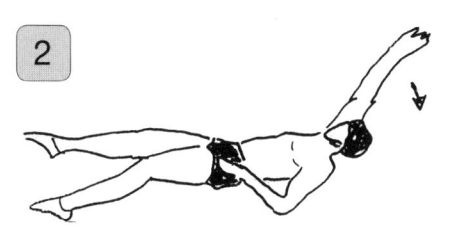

3 linker Arm kurz vor Wasseroberfläche rechter Arm Eintauchen ins Wasser

Übung 2

Zeit: 10–14 min.; Durchwechseln Schwimmer–Partner
Ort: Schwimmbad
Ausführung: Nichtschwimmerbecken: partnerweise arbeiten; Schwimmer macht Gesamtbewegung gemäß **KK**, Partner beobachtet, Einteilung durch Lehrer evtl. so, dass gute Fortgeschrittene als Partner von Schwimmern mit Schwierigkeiten agieren; in Linie von Beckenrand zu Beckenrand.

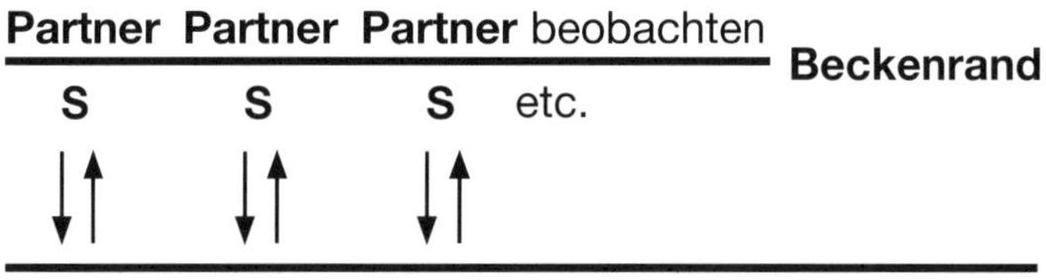

Partner Partner Partner beobachten
  S   S   S   etc.   **Beckenrand**

Übung 3

Ausführung: siehe **Übung 2**, Übungen zur Gesamtbewegung wenn möglich jetzt ins Schwimmerbecken verlegen und mit viel Staffeln Attraktivität steigern (auf etwa gleiche Leistungsstärke bei den Mannschaften achten).

5.1.2 Start- und Wendetechniken (eine Auswahl)

Startsprung-Hochstart (Brust-, Kraulschwimmen) Schwimmen

UM	deduktiv
SO	Teillernmethode/Ganzheitsmethode
KK	Kommando: **„Auf die Plätze":** Abbeugen des Oberkörpers, Arme zurücknehmen gleichzeitig Arme beugen [1] [1a] im Nach-vorne-Fallen Arme nach vorne schwingen (kräftiger Abdruck) [2] gestrecktes Eintauchen ins Wasser, Fingerspitzen ebenfalls gestreckt [3]
MH	Vormachen (evtl. auch durch guten Schüler)
DM	evtl. Anfänger oder Unerfahrene erste Übungen auch von der Treppe, die ins Becken führt, machen lassen
OR	**Übung 1** **Zeit:** 4–8 min. (Gewöhnung); Durchwechseln Schwimmer–Partner **Ort:** Schwimmbad **Ausführung:** Nichtschwimmerbecken, partnerweise arbeiten; Schwimmer sitzt in der Hocke auf Beckenrand und lässt sich einfach nach vorne ins Wasser fallen, dabei sind Arme in Verlängerung des Körpers zu halten (vgl. Bild **2** in **BB**), Partner beobachtet; Fortgeschrittene machen gleiche Übung, stoßen sich aber im Nach-vorne-Fallen kräftig vom Beckenrand ab **Partner** beobachten vom Beckenrand startenden Schwimmer ——————————————————— **Beckenrand** S S S etc. ↓ ↓ ↓

Schwimmen

1 Seitenansicht
2
1a Frontalansicht
3

Übung 2

Zeit: 8–12 min.; Durchwechseln Schwimmer–Partner
Ort: Schwimmbad
Ausführung: Nichtschwimmerbecken, partnerweise arbeiten; Schwimmer nimmt höhere Ausgangsstellung als in **Übung 1** ein (höhere Hocke), versucht nach 1–2 Mal auch kräftigeren Abdruck.

Partner beobachten vom Beckenrand reinfallenden Schwimmer
——————————————————————————— **Beckenrand**
S   S   S   etc.
↓   ↓   ↓

Übung 3

Ausführung: siehe **Übung 2**, Schwimmer kommen in immer höhere Ausgangsstellung vom Beckenrand (Gefühl für Höhe entwickeln); wer vom Beckenrand sicher ist, übt weiter auf Startblock.

Rückenstart (Rückenschwimmen)

Schwimmen

UM deduktiv

SO Ganzheitsmethode

KK mit Händen an der Überlaufrinne festhalten, Fußunterseite (Fußballen) stehen an Beckenrandabsatz unter Wasser! ⟦1⟧

Kommando: **„Auf die Plätze"**: Beugung der Arme, leichtes Anheben des Oberkörpers (etwas aus dem Wasser), Kinn auf der Brust

auf „Pfiff" Loslassen der Hände, Kopf nach hinten (in Nacken) nehmen; schnelles Nach-hinten-Nehmen der Arme am Oberkörper vorbei ⟦2⟧

Beinstreckung und Abstoß (Hohlkreuzhaltung des Körpers); danach durch Beinschlag Rückenschwimmbewegung beginnen ⟦3⟧

MH Vormachen (evtl. auch durch guten Schüler)

DM keine erforderlich

OR **Übung 1**

Zeit: 10–14 min.; Durchwechseln Schwimmer–Partner
Ort: Schwimmbad
Ausführung: Nichtschwimmerbecken, partnerweise arbeiten; Schwimmer führt Rückenstart gemäß **KK** durch, Partner beobachtet

Partner beobachten vom Beckenrand startenden Schwimmer
―――――――――――――――――――――― **Beckenrand**
S   S   S   etc.
↓   ↓   ↓

Schwimmen

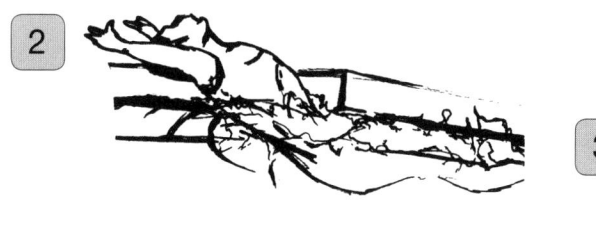

Übung 2

Zeit: Keine Zeitangabe
Ort: Schwimmbad
Ausführung: zu Übungen auch Wettkämpfe einbauen; z. B.: Wer kann sich am kräftigsten abdrücken und kommt am weitesten vom Beckenrand weg?

Von Beckenrand zu Beckenrand schwimmen und am anderen Beckenrand jeweils neu in Startposition gehen, um Rückenstart zu üben (mehrere Durchgänge, dann mit Partner tauschen).

Jeder sucht sich Beckenrandplatz zum Rückenstart und übt ohne andere zu behindern.

Lehrer beobachtet Einzelne beim Üben!

Wende (hohe)

Schwimmen

UM deduktiv

SO Ganzheitsmethode

KK (Linksdrehung) Gleiten zur Wand, beidhändiges Greifen in die Überlaufrinne, Beugen der Arme (sich dadurch aus dem Wasser drücken), Schultern sind im Anschluss aus dem Wasser, Zurücknehmen des Kopfes [1]

Anziehen der Beine (Beginn des Einatmens sobald Kopf aus dem Wasser ist), Lösen der linken Hand, Abdruck mit dieser an Beckenrand; Kopf, der im Nacken liegt, schaut in neue Richtung [2]

Abtauchen und kräftiger Abstoß mit Fußballen vom Beckenrand, Arme waagrecht, Kopf zwischen den Armen (Ausatmen in dieser Phase) [3] [4]

MH Vormachen (evtl. auch durch guten Schüler)

DM keine erforderlich

OR **Übung 1**

    Zeit: 6–8 min.; Durchwechseln Schwimmer–Partner
    Ort: Schwimmbad
    Ausführung: Nichtschwimmerbecken, partnerweise arbeiten; Schwimmer hält sich an Überlaufrinne fest, Arme gestreckt, Beine unter Wasser anziehen und wenden gemäß **KK**, dann wieder unter Wasser kräftiger Abstoß und anschließendes Gleiten (ein paar Mal wiederholen), Partner beobachtet von oben vom Beckenrand

    Partner beobachten vom Beckenrand reinfallenden Schwimmer
    ————————————————————— **Beckenrand**
    Wende und anschließendes Gleiten

    ↑↓   ↑↓   ↑↓
    S   S   S   etc.

Schwimmen

BB

[1] [2] [3] [4]

OR

Übung 2

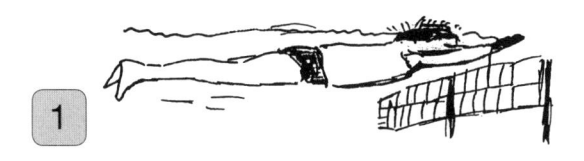

Zeit: 10–14 min., Durchwechseln Schwimmer–Partner
Ort: Schwimmbad
Ausführung: Nichtschwimmerbecken, partnerweise arbeiten; Schwimmer schwimmt von Mitte des Nichtschwimmerbeckens (quer) z. B. in Brustschwimmstil auf Beckenrand zu (evtl. zunächst mit halber Kraft), macht Wende gemäß **KK**, Partner beobachtet, auf kräftigen Abdruck nach Wende achten, gleiten, ein paar Mal wiederholen.

Partner beobachten Schwimmer vom Beckenrand

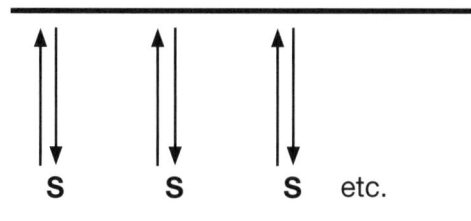

Beckenrand
mäßig schnelles
Zuschwimmen auf
Beckenrand,
Wende und
S   S   S   etc.   anschließendes Gleiten

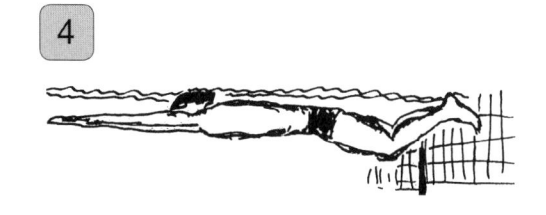

Fortgeschrittene können nach Möglichkeit mit erhöhtem Tempo an den Beckenrand schwimmen.

Übung 2

OR

Ausführung: siehe **Übung 2**, Schwimmer versucht, mit erhöhtem (Höchst-)Tempo zum Beckenrand zu schwimmen und zu wenden, kräftigen Abdruck nicht vernachlässigen, auch im Schwimmerbecken üben.

6 Konditionstraining

6.1 Einführung

Aus der Geschichte

Historisch betrachtet muss man verschiedene Entwicklungen innerhalb des allgemeinen körperlichen Fitnesstrainings berücksichtigen. Ein guter Ausgangspunkt wäre z.B. das sogenannte **Circuittraining** oder im deutschen Sprachraum auch Kreis- oder Zirkeltraining genannt. An der Universität von Leeds wird von den englischen Sportlehrern Morgan und Adamson zum ersten Mal ein neuartiges Trainingssystem dieses Namens angewendet (ca. 1950er Jahre). Als Vorbild dient das amerikanische Bodybuilding-System. Dieses wird so modifiziert, dass auch das Herz-Kreislauf-System in einem Stationsbetrieb adäquat berücksichtigt wird. Eine andere Form des Konditionstrainings war im Zuge des Freizeitsports die **Trimm-Dich-Welle**, die etwa ab 1970 in Deutschland einsetzt. Der Begriff Kondition verliert in dieser Einbettung seinen abschreckenden Charakter. In diesen Zeitraum fällt auch die Skigymnastik, die über das Fernsehen die Haushalte direkt erreicht. In den 1980er-Jahren schwappt von den USA die **Aerobic-Welle** nach Deutschland, eine weitere Form, die wie auch die Skigymnastik von Vorturnern/-tänzern und Musik begleitet wird. Im Zuge dieser immer wieder leicht abgewandelten Formen des Konditionstrainings vor allem für den Freizeitsportler - meist agieren populäre Personen des Films, des Sports und der Musik als „Zugpferde" - erreichen immer wieder „neue" Modifikationen des Konditionstrainings auch mittels moderner Medien die breite Masse. Nicht selten geht es dabei in erster Linie um Profit. Es wird eben bei allem Glitter und Glamour vergessen, dass Konditionstraining, sei es auf hohem oder niedrigem Niveau, primär durch den Willensaspekt, d.h. unter Einbeziehung aller volitiven Eigenschaften durchzuführen ist!

Strukturbild

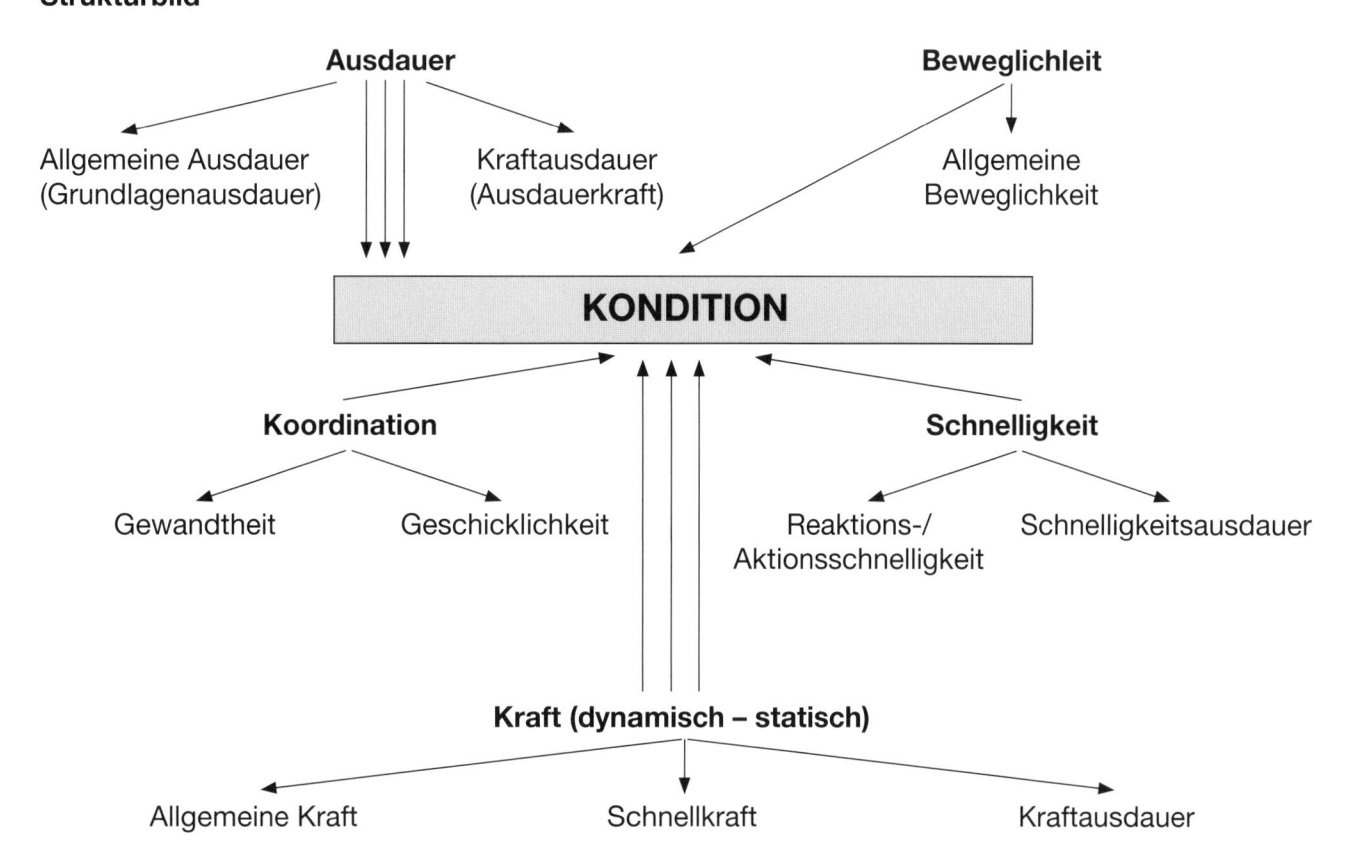

```
            Ausdauer                                    Beweglichleit
      ↙      ↓↓↓      ↘                                      ↓
Allgemeine Ausdauer      Kraftausdauer                   Allgemeine
(Grundlagenausdauer)     (Ausdauerkraft)                 Beweglichkeit
                       ↓↓↓           ↘              ↙
                    ┌─────────────────────────┐
                    │       KONDITION         │
                    └─────────────────────────┘
                       ↑↑↑                ↖
            Koordination                      Schnelligkeit
         ↙            ↘                      ↙            ↘
    Gewandtheit    Geschicklichkeit    Reaktions-/      Schnelligkeitsausdauer
                                       Aktionsschnelligkeit

                    Kraft (dynamisch – statisch)
              ↙              ↓               ↘
       Allgemeine Kraft    Schnellkraft    Kraftausdauer
```

Anmerkung: Pfeile verdeutlichen die Bedeutung der einzelnen Komponenten

6.1.1 Training der Physischen Leistungsfaktoren

Allgemeine Ausdauer (auf Sportplatz)

Konditionstraining

UM deduktiv

SO Ganzheitsmethode

KK Übungsauswahl

Allgemeine Ausdauer
- Tempoläufe → Linienläufe, Bahnläufe
- Dauerläufe → Bahnläufe, Geländelauf
- Fahrspiel → auf Sportplatzgelände, auf Fußballfeld des Sportplatzes

Kraftausdauer/Ausdauerkraft → verschiedene Kraftausdauerübungen
- Drück- und Ziehübungen mit Partner
- Sprungläufe
- Wurfübungen aller Art
- Liegestütz bäuchlings/rücklings

Kombination + Ausdauer + Kraft → Kombinationstraining
- 200–400 m geringe Intensität
- 10–20 oder mehr Liegestütz +
- 2–5 Mal 5–10 Sprungläufe +
- 20–40 oder mehr Sit ups/Bauchwippe halten

Anmerkung: (Wiederholungen je nach individueller Leistungsstärke)

MH Vormachen (evtl. auch durch gute Schüler), Zeichnungen, Erklären, Bewegungskorrekturen, Bälle
Bildung von etwa gleichstarken Gruppen

DM keine erforderlich

OR **Übungen (gilt auch für unten)**
Zeit: siehe unten
Ort: Sportplatz
Ausführung: Gruppen zu je 4–8 Schülern
Allgemeine Ausdauer – Tempoläufe
Linienläufe (ca. 4–5 min): auf sämtlichen Sportplatzlinien entlang laufen, abwechselnde Führungsperson, im Wechsel Tempo erhöhen/vermindern
Bahnläufe siehe Linienläufe

Konditionstraining

Fahrtspiel (mehrere Male wiederholen, evtl. noch Modifikationen wie Hindernisse einbauen) Traben ca. 20 m – Gehen ca. 30 m – **Liegestütz rücklings Kombinationstraining**

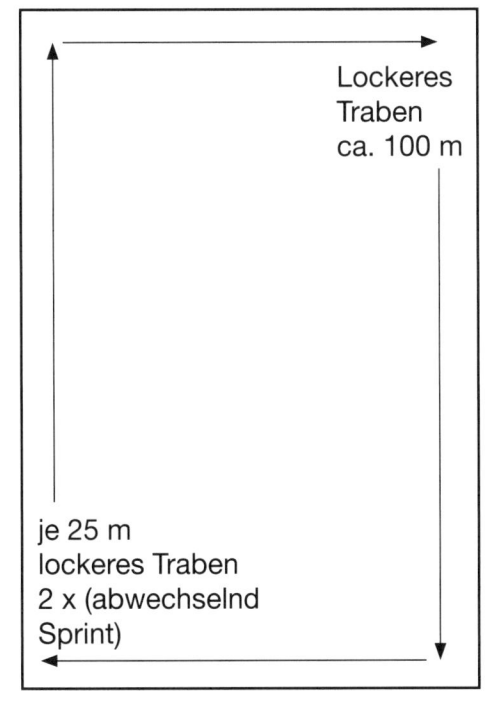

BB

```
┌─────────────────────┐      ┌─────────────────────────┐
│  →                  │      │  1  200/400 m auf Rundbahn │
│         Lockeres    │      │                         │
│         Traben      │      │  2  10 Liegestütz       │
│         ca. 100 m   │      │                         │
│                     │      │  3  2–5 Mal 5–10 Sprungläufe│
│                     │      │                         │
│                     │      │  4  20 Sit ups/Bauchwippe │
│                     │      │                         │
│ je 25 m             │      │  1 x 4 Übungen ohne Pause│
│ lockeres Traben     │      │  dann 5–7 min Pause     │
│ 2 x (abwechselnd    │      │                         │
│ Sprint)             │      │                         │
│  ←                  │      │                         │
└─────────────────────┘      └─────────────────────────┘
```

P.S. Nach 2-3 Durchgängen etwa 5 min Pause, Gruppen im Abstand von 100 m starten!

Übungen

OR

Allgemeine Ausdauer – Dauerläufe/Fahrtspiel
Bahnläufe/Geländeläufe (ca. 12–14 min.): auf 400 m Bahn und auf gesamtem Sportplatzgelände Läufe mit wenig Intensität in Gruppen durchführen
Fahrtspiel (12–14 min.) **siehe BB** auf Sportplatzgelände/Fußballfeld des Geländes

Kraftausdauer – verschiedene Kraftausdauerübungen
Drück – und Ziehübungen (ca. 8-10 min.): Partner drückt gegen vordere Schulterpartie seines Mitschülers, der versucht, trotzdem nach vorne zu laufen (50–100 m); beim Ziehen hält Partner Mitschüler von hinten um die Hüfte fest, während dieser versucht, nach vorne zu laufen (50–100 m)
Sprungläufe (ca. 2–3 min.): Sprungläufe über 10–20 m (markieren wie weit man mit z.B. 10 Sprüngen kommt); z.B. 4 Schüler nebeneinander, dann die nächsten, jeder mindestens 2–3 Versuche
Wurfübungen aller Art (4–8 min.): 4:4 gegenüberstellen und Bälle aller Art über eine Distanz von zunächst 4–5 m zuwerfen (über Kopf, seitlich usw.); Distanz erhöhen!
Liegestütz bauchlings/rücklings (ca. 2-3 min.): Liegestütz durchführen (alle 8 Schüler gleichzeitig), evtl. noch Liegestütz bauchlings (normale Liegestütz) versuchen in einem kleinen Feld mit der Aufgabe, sich gegenseitig die Hände wegzuziehen (kämpfen)!!
Liegestütz rücklings siehe **BB**!

Kombination Ausdauer + Kraft – Kombinationstraining
Kombination (ca. 20-25 min.): 4 Übungen durchführen (ohne Pause); 200 m oder 400 m sowie Zeit je nach Klassenstufe (entscheidet Lehrer); Vorschlag: 1 Durchgang (Serie) = 4 Übungen; 2–4 Durchgänge; nach jedem Durchgang 5–7 min. Pause; siehe **BB**

Allgemeine Ausdauer (in Halle)

Konditionstraining

UM deduktiv

SO Ganzheitsmethode

KK Übungsauswahl

Allgemeine Ausdauer
- Tempoläufe
  - Linienläufe, Slalomläufe
  - Sonstige Läufe
- Fahrtspiel → In Hallendrittel möglich, besser in ganzer Halle

Kraftausdauer/Ausdauerkraft → verschiedene Kraftausdauerübungen
- Drück- und Ziehübungen mit Partner
- Sprungläufe
- Wurfübungen aller Art
- Liegestütz bäuchlings/rücklings

Kombination + Ausdauer + Kraft → Kombinationstraining
- Parcours (Hütchen)
- 10–20 oder mehr Liegestütz +
- 2–5 Mal 5–10 Sprungläufe +
- 20–40 oder mehr Sit ups/Bauchwippe halten

Anmerkung: Kombination als Circuit; (Wiederholungen je nach Belastbarkeit)

MH Vormachen (evtl. auch durch gute Schüler), Zeichnungen, Erklärungen, Bewegungskorrekturen, diverse Materialien aus Halle (z. B. Hütchen, Malstangen, Matten, Magnesia, Kästen etc.)

DM Bildung von etwa gleichstarken Gruppen

OR **Übungen (gilt auch für unten)**

Zeit: siehe unten
Ort: Halle (für z. B. Linienläufe wäre ganze Halle gut)
Ausführung: Gruppen zu je 4–8 Schülern

Allgemeine Ausdauer – Tempoläufe
Linienläufe (ca. 4–5 min): auf sämtlichen Hallenlinien entlang laufen, abwechselnde Führungsperson, Tempowechsel
Slalomläufe/Sonstige Läufe (5-6 min.): Malstangen bei normalem Laufen einbauen, in Linie aufstellen (immer 4–8 Schüler nebeneinander), auf Pfiff sprinten – zurücktraben, das Ganze 6–8 Mal)

Konditionstraining

Fahrtspiel (ganze Halle); bei Hallendrittel entsprechend alles verkleinern, Übungen teilweise variieren und ersetzen z. B. durch Einbeinsprünge, Schlusssprünge und Kurzsprints statt zu langes Traben Traben ca. 8 m Gehen ca. 8 m **Liegestütz rücklings**
Kombinationstraining

BB

```
Fahrtspiel
    Lockeres Traben
    ca. 30–40 m

    je 15–20 m
    lockeres Traben
    2 x (abwechselnd Sprint)

    Sprint ca. 8 m
    Hopserlauf ca. 8 m
```

1 Laufen in Parcours
   (z. B. um Hütchen in Ecken)

2 10 Liegestütz

3 2–5 Mal 5–10 Sprungläufe

4 20 Sit ups/Bauchwippe

1 x 4 Übungen ohne Pause
dann 5–7 min Pause

nächster Durchgang

Übungen

OR

Allgemeine Ausdauer – Fahrtspiel
<u>Fahrtspiel (8–10 min.):</u> siehe **BB**

Kraftausdauer – verschiedene Kraftausdauerübungen
<u>Drück – und Ziehübungen (ca. 8–10 min.):</u> Partner drückt gegen vordere Schulterpartie seines Mitschülers, der versucht, trotzdem nach vorn zu laufen (50–100 m); beim Ziehen hält Partner Mitschüler von hinten um die Hüfte fest, während dieser versucht, nach vorne zu laufen (50–100 m)
<u>Sprungläufe (ca. 2–3 min.):</u> Sprungläufe über 10–20 m (markieren wie weit man mit z. B. 10 Sprüngen kommt); 4 Schüler nebeneinander, dann die nächsten; jeder mindestens 2–3 Versuche
<u>Wurfübungen aller Art (4–8 min.):</u> 4:4 gegenüberstellen und Bälle aller Art über eine Distanz von zunächst 4–5 m zuwerfen (ohne Pause, über Kopf, seitlich usw.); dann Distanz erhöhen
<u>Liegestütz bäuchlings/rücklings (ca. 2–3 min.):</u> Liegestütz durchführen (alle 8 Schüler gleichzeitig), evtl. mit Liegestütz bäuchlings (normale Liegestütz); versuchen, in kleinem Feld sich gegenseitig Hände wegzuziehen (kämpfen), keine Pause!! Liegestütz rücklings siehe **BB**!

Kombination Ausdauer + Kraft – Kombinationstraining
<u>Kombination (ca. 20–25 min.):</u> 4 Übungen durchführen (ohne Pause); Parcours (Kleinrundbahn hallengemäß z. B. mit Hütchen abgrenzen); Länge + Zeit je nach Klassenstufe; Vorschlag: 1 Durchgang (Serie) = 4 Übungen; 2–4 Durchgänge; nach jedem Durchgang 5–7 min. Pause siehe **BB**

Allgemeine Beweglichkeit (auf Sportplatz) Konditionstraining

UM   deduktiv

SO   Ganzheitsmethode

KK   Übungsauswahl

- **Obere Extremitäten/Rumpf**
  - Kopfkreisen
  - Rumpfkreisen
  - Armkreisen
  - Dehnen (Arme und Schultergürtel, Brust)

- **Hüfte**
  - Hüftkreisen
  - Hürdensitz
  - Ausfallschritt (leicht nachfedern)

- **Untere Extremitäten (teilweise Rumpf)**
  - Beine → Dehnen
  - Fußgelenke → Fußgelenkkreisen, Fußgelenkdehnen

- **Ganzkörper**
  - Kauerstellung (wie bei Purzelbaum, so klein wie möglich machen)
  - Partner auf Rücken (Aufstellung Rücken an Rücken, langsam hin- und herwippen)
  - Brücke (Einzelübung)

MH   Vormachen (evtl. auch durch guten Schüler)

DM   keine erforderlich; allerdings Faustformel bei Dehnübungen: ganz leichter Ziehschmerz erwünscht, ansonsten ist die Übung immer ineffektiv! Die Schmerzgrenze ist individuell unterschiedlich!

OR   **Übungen (gilt auch für unten)**

        Zeit: siehe unten
        Ort: Sportplatz
        Ausführung: Gruppen zu je 4–8 Schülern, gelegentlich auch Partnerarbeit

            Obere Extremitäten/Rumpf
            Kopfkreisen (ca. 1 min.): kleine Kreise bilden, Kopfkreisen (eine Richtung, andere Richtung)
            Rumpfkreisen (ca. 1 min.): kleine Kreise bilden
            Armkreisen (ca. 1 min.): kleine Kreise bilden
            Dehnen (ca. 1–2 min.): Arme und Schultergürtel mit Hilfe von Partner passiv dehnen (Achtung – langsames Dehnen!)

Konditionstraining

BB

Hürdensitz

Ausfallschritt

Kauerstellung
(auch leichtes Wippen möglich)

Übungen

OR

Hüfte
Hüftkreisen (ca. 1 min.): kleine Kreise bilden, Übung ausführen
Hürdensitz (ca. 1–2 min.): kleine Kreise bilden siehe **BB**
Ausfallschritt (ca. 1 min.): kleine Kreise bilden siehe **BB**

Untere Extremitäten – Beine/Fußgelenke (teilweise Rumpf)
Dehnen (ca. 2 min.): kleine Kreise bilden, hinsetzen, Beine gestreckt und etwa 90° Winkel bilden, mit Oberkörper so weit wie möglich nach vorne beugen, genauso mit gestreckt parallelen Beinen (in Beugestellung ca. 4–8 sec verharren)
Fußgelenkkreisen/Fußgelenkdehnen (ca. 1 min.): kleine Kreise bilden

Ganzkörper
Kauerstellung (ca. 1 min.): kleine Kreise bilden siehe **BB**
Partner auf Rücken (ca. 1–2 min.): Aufstellung partnerweise Rücken an Rücken, in Arme haken und abwechselnd Partner durch Nach-vorne-Beugen dehnen!
Rechtwinkliger Grätschsitz (ca. 1 min.): partnerweise sich im Grätschsitz gegenüber setzen, an Händen fassen und **langsam** hin- und herziehen.
Brücke (ca. 1–2 min.): in Brückestellung gehen, 5–10 sec verharren, wieder in Ausgangsstellung, kurze Pause und wiederholen; Partner kann evtl. unter Rücken fassen und etwas behilflich sein!

Allgemeine Beweglichkeit (in Halle)

Konditionstraining

UM deduktiv

SO Ganzheitsmethode

KK Übungsauswahl

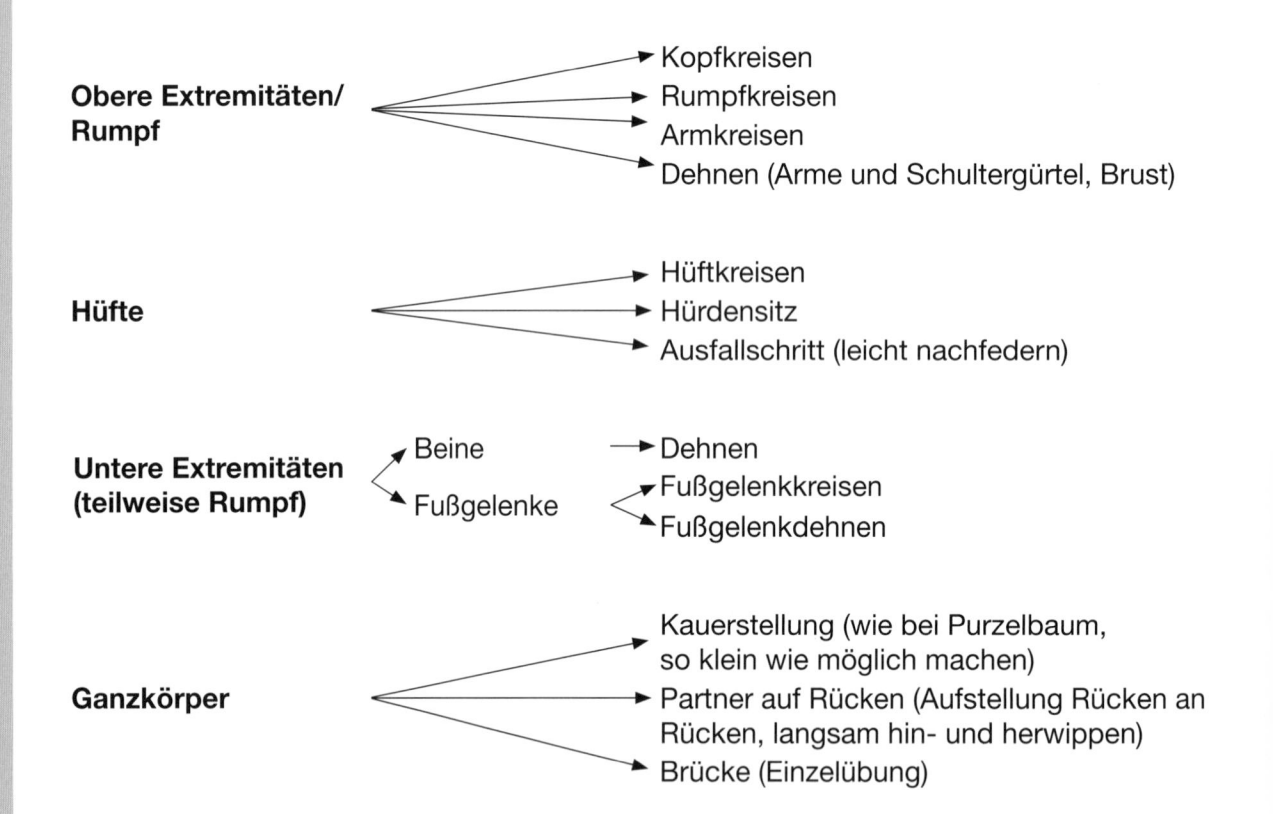

- **Obere Extremitäten/Rumpf**
  - Kopfkreisen
  - Rumpfkreisen
  - Armkreisen
  - Dehnen (Arme und Schultergürtel, Brust)

- **Hüfte**
  - Hüftkreisen
  - Hürdensitz
  - Ausfallschritt (leicht nachfedern)

- **Untere Extremitäten (teilweise Rumpf)**
  - Beine → Dehnen
  - Fußgelenke → Fußgelenkkreisen, Fußgelenkdehnen

- **Ganzkörper**
  - Kauerstellung (wie bei Purzelbaum, so klein wie möglich machen)
  - Partner auf Rücken (Aufstellung Rücken an Rücken, langsam hin- und herwippen)
  - Brücke (Einzelübung)

MH Vormachen (evtl. auch durch guten Schüler), Zeichnungen, Bewegungskorrektur, da Übung sonst evtl. ineffektiv, Bälle aller Art

DM keine erforderlich; allerdings Faustformel bei Dehnübungen: ganz leichter Ziehschmerz ist erwünscht, ansonsten ist die Übung immer ineffektiv! Die Schmerzgrenze ist individuell unterschiedlich!

OR **Übungen (gilt auch für unten)**

Zeit: siehe unten
Ort: Halle
Ausführung: Gruppen zu je 4–8 Schüler, gelegentlich auch Partnerarbeit
   Obere Extremitäten
   Kopfkreisen (ca. 1 min.): kleine Kreise bilden, Kopfkreisen (eine Richtung, andere Richtung)
   Rumpfkreisen (ca. 1 min.): kleine Kreise bilden

Konditionstraining

Hürdensitz  **Ausfallschritt**  **Kauerstellung (auch leichtes Wippen möglich)**

BB

OR

Übungen

noch Obere Extremitäten/Rumpf
Armkreisen (ca. 1 min.): kleine Kreise bilden
Dehnen (ca. 1–2 min.): Arme und Schultergürtel mit Hilfe von Partner passiv dehnen (Achtung – langsames Dehnen!)

Hüfte
Hüftkreisen (ca. 1 min.): kleine Kreise bilden, Übung ausführen
Hürdensitz (ca. 1–2 min.): kleine Kreise bilden siehe **BB**
Ausfallschritt (ca. 1 min.): kleine Kreise bilden siehe **BB**

Untere Extremitäten – Beine/Fußgelenke (teilweise Rumpf)
Dehnen (ca. 2 min.): kleine Kreise bilden, hinsetzen, Beine gestreckt und etwa 90° Winkel bilden, mit Oberkörper so weit wie möglich nach vorne beugen, genauso mit gestreckten parallelen Beinen (in Beugestellung ca. 4–8 sec verharren); oder Ball um ausgestreckte Beine und Körper rollen – links herum/rechts herum
Fußgelenkkreisen/Fußgelenkdehnen (ca. 1 min.): kleine Kreise bilden

Ganzkörper
Kauerstellung (ca. 1 min.): kleine Kreise bilden siehe **BB**
Partner auf Rücken (ca. 1–2 min.): Aufstellung partnerweise Rücken an Rücken, in Arme haken und abwechselnd Partner durch Nach-vorne-Beugen dehnen!
Rechtwinkliger Grätschsitz (ca. 1 min.): sich partnerweise im Grätschsitz gegenüber setzen, an Händen fassen und **langsam** hin- und herziehen
Brücke (ca. 1–2 min.): in Brückestellung gehen, 5–10 sec verharren, wieder in Ausgangsstellung, kurze Pause und wiederholen; Partner kann evtl. unter Rücken fassen und etwas behilflich sein!
Aushängen an Sprossenwand (ca. 1 min.): sich mit beiden Händen rücklings an Sprossenwand hängen und einfach ca. 20 sec hängen (passives Dehnen ohne Hilfe) bleiben oder Partner zieht ganz vorsichtig an Beinen nach unten (passives Dehnen mit Hilfe).

Allgemeine Koordination (auf Sportplatz) — Konditionstraining

UM deduktiv

SO Ganzheitsmethode

KK Übungsauswahl

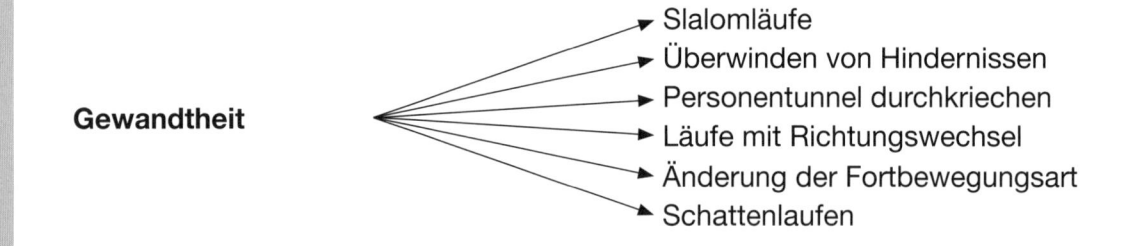

Gewandtheit
- Slalomläufe
- Überwinden von Hindernissen
- Personentunnel durchkriechen
- Läufe mit Richtungswechsel
- Änderung der Fortbewegungsart
- Schattenlaufen

Kombination Koordination + Ausdauer → Kombinationstraining
- Dribbeln mit verschieden großen Bällen
- verschiedene Fortbewegungsarten
- Umlaufen von Hindernissen
- Slalomläufe
- Ausdauerlaufen mit Geschwindigkeitsänderungen/Richtungsänderungen

MH Vormachen (evtl. auch durch guten Schüler), Zeichnungen, Bälle aller Art, Erklärungen, Bewegungskorrektur, (da Übung sonst evtl. ineffektiv); Hütchen, evtl. Holzstöckchen (was sich findet), Malstangen (auch z. B. durch Personen zu ersetzen)

DM etwa gleichstarke Gruppen bilden

OR **Übungen (gilt auch für unten)**

Zeit: siehe unten
Ort: Sportplatz
Ausführung: Gruppen zu je 4–8 Schüler, gelegentlich auch Partnerarbeit
Gewandtheit
Slalomläufe (ca. 2–3 min.): um Malstangen mit erhöhtem Tempo laufen/ auch auf einem Bein; falls Personen Stangen ersetzen, hintereinander herlaufen, letzter läuft um Personen herum!

Konditionstraining

Kombinationstraining: z. B. an jeder Station 4–6 Schüler, es geht nicht auf Zeit, sondern koordiniert eine Station durcharbeiten, dann ohne Pause nächste Station; 2 arbeiten, 2 kontrollieren, dann wechseln; im Vorfeld klar machen: Distanzen, Belastungsphasen, verschiedene Fortbewegungsarten, evtl. auch von Hallenplatzverfügung abhängig machen

BB

Beispiel eines möglichen Stationsbetriebs mit 4 Stationen

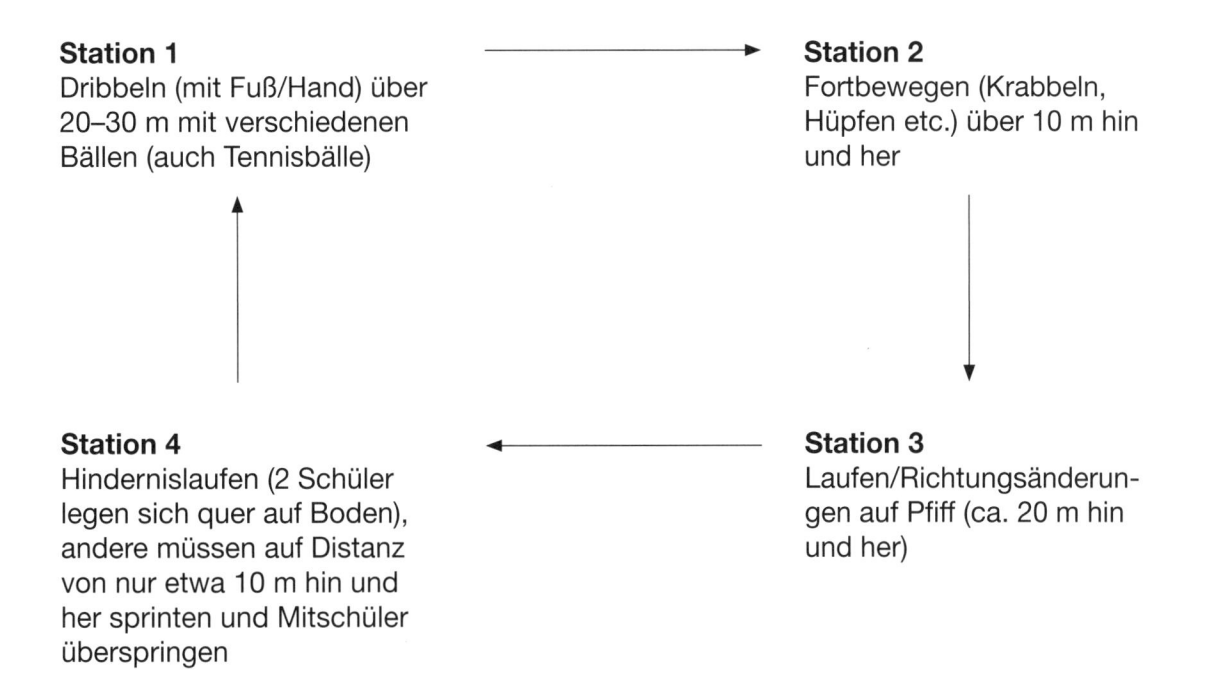

Station 1
Dribbeln (mit Fuß/Hand) über 20–30 m mit verschiedenen Bällen (auch Tennisbälle)

Station 2
Fortbewegen (Krabbeln, Hüpfen etc.) über 10 m hin und her

Station 4
Hindernislaufen (2 Schüler legen sich quer auf Boden), andere müssen auf Distanz von nur etwa 10 m hin und her sprinten und Mitschüler überspringen

Station 3
Laufen/Richtungsänderungen auf Pfiff (ca. 20 m hin und her)

Kommandos können von bestimmten Schülern (evtl. Kranke) übernommen werden!

Übungen

OR

noch Gewandtheit
<u>Überwinden von Hindernissen (ca. 2–3 min.):</u> auf Sportplatz hintereinander herlaufen und z. B. Barrieren, Weitsprunggruben etc. überspringen (z. B. nur einmal darf ein Fuß in Sandgrube aufgesetzt werden)
<u>Personentunnel (ca. 1–2 min.):</u> immer mehr (anfänglich 2 Schüler) Schüler bilden ein Tunnel, andere müssen schnellstmöglich, ohne ihre Mitschüler zu berühren, durchkriechen
<u>Läufe mit Richtungswechsel (ca. 2–3 min.):</u> 7 der Gruppe laufen in Linie (z. B. auf Bahn/Sportplatz) immer so, dass andere Gruppen nicht gestört werden, ein Schüler der Gruppe gibt zeitlich unregelmäßig einen Pfiff und die Laufrichtung muss geändert werden (vorher absprechen; um 180° oder 90° = schnelles Denken/Reagieren miteinbeziehen)
<u>Änderung der Fortbewegungsart (ca. 2–3 min.):</u> wie Richtungswechsel, nur auf Pfiff, dann zur vorher festgelegte Fortbewegungsart (Kriechen/Krabbeln/auf allen Vieren etc.) übergehen
<u>Schattenlaufen (ca. 2–3 min.):</u> partnerweise hintereinander herlaufen, Hintermann macht genau das, was Vordermann macht (Richtungswechsel, Hände hoch etc.)

Kombination Koordination + Ausdauer – Kombinationstraining
<u>Kombination (ca. 20–25 min.):</u> 5 Übungen in Stationsform anordnen, dann 1–2 Mal alle Stationen durchlaufen, anschließend Pause: 1 Durchgang = z. B. 4 Übungen; Bsp.: 3 x (1 Durchgang; 4–5 min. Pause) siehe **BB** für Stationsanordnung

Allgemeine Koordination (in Halle)

Konditionstraining

UM deduktiv

SO Ganzheitsmethode

KK Übungsauswahl

- **Gewandtheit**
  - Slalomläufe
  - Überwinden von Hindernissen
  - Änderung der Fortbewegungsart

- **Geschicklichkeit**
  - Balancierübungen
  - Linienhüpfen/Zielhüpfen
  - Kreativübungen

- **Kombination Koordination + Ausdauer** → Kombinationstraining
  - Slalomläufe
  - verschiedene Fortbewegungsarten
  - Ausdauerlaufen mit Geschwindigkeitsänderungen/Richtungsänderungen
  - Überlaufen von Hindernissen

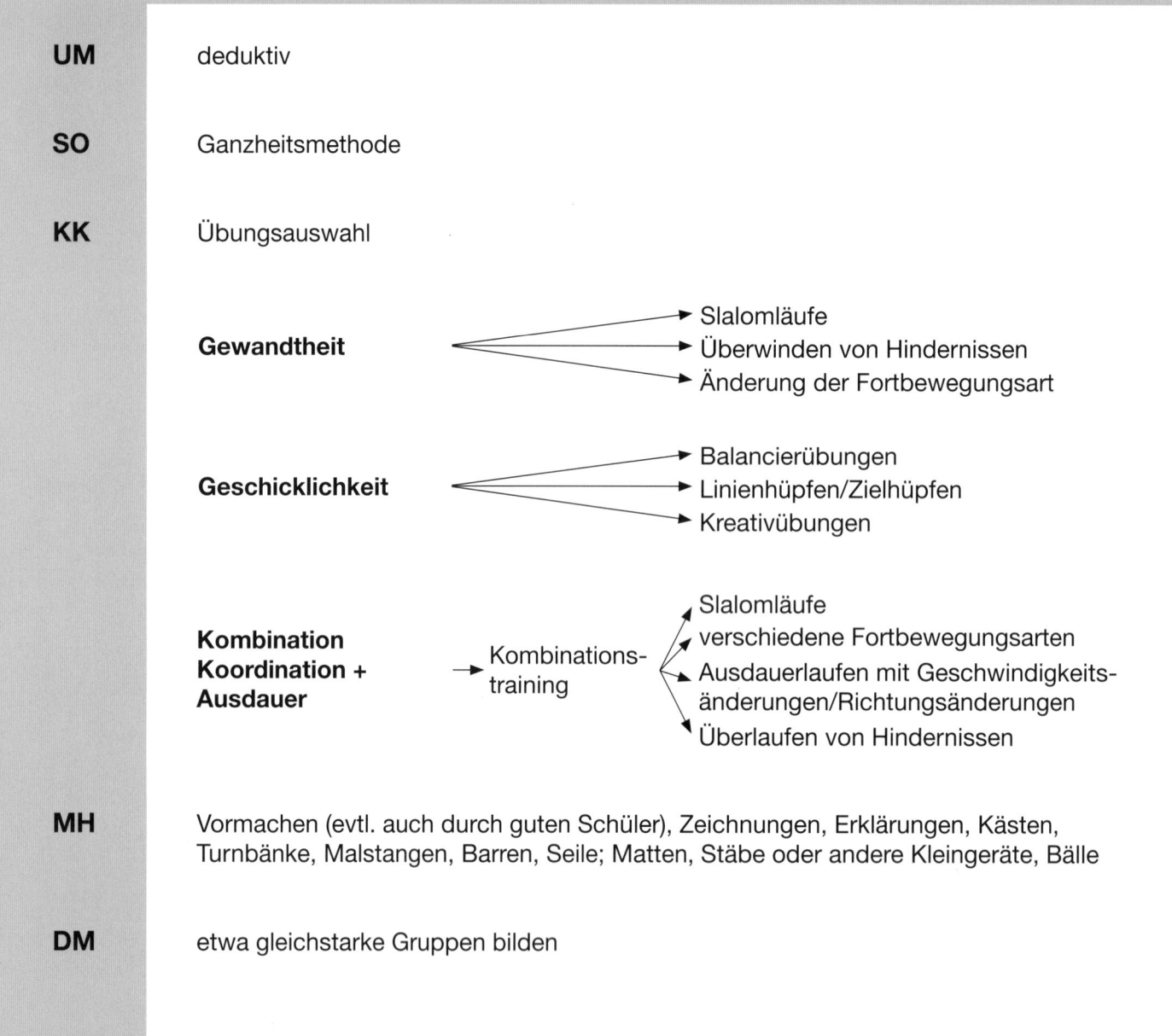

MH Vormachen (evtl. auch durch guten Schüler), Zeichnungen, Erklärungen, Kästen, Turnbänke, Malstangen, Barren, Seile; Matten, Stäbe oder andere Kleingeräte, Bälle

DM etwa gleichstarke Gruppen bilden

OR **Übungen (gilt auch für unten)**

Zeit: siehe unten
Ort: Halle
Ausführung: Gruppen zu je 4–8 Schüler, gelegentlich auch Partnerarbeit

Gewandtheit

Slalomläufe (ca. 2–3 min.): um Malstangen mit erhöhtem Tempo laufen/ auch auf einem Bein; falls Personen Stangen ersetzen, hintereinander herlaufen, letzter läuft um Personen herum!

Überwinden von Hindernissen (ca. 2–3 min.): Durchkrabbeln unter Bänken, Überwinden von Kästen/Laufen über Personen; Kästen/ Bänke so anordnen, dass andere Gruppen nicht behindert werden.

Konditionstraining

Kombinationstraining: z. B. an jeder Station 4–6 Schüler, es geht nicht auf Zeit, sondern darum, koordiniert eine Station durchzuarbeiten, dann ohne Pause nächste Station; 2 arbeiten, 2 kontrollieren, dann wechseln: im Vorfeld klar machen: Distanzen, Belastungsphasen; sowie evtl. verschiedene Fortbewegungsarten etc.; in Halle auch bessere Möglichkeiten z. B. beim Hindernislaufen Kästen etc. aufzustellen, Geschicklichkeitsstation einbauen mit Stäben etc., komplette Halle von Vorteil, bei nur 1 Hallendrittel entsprechend alles verringern (Distanzen etc.)

Beispiel eines möglichen Stationsbetriebs mit 4 Stationen

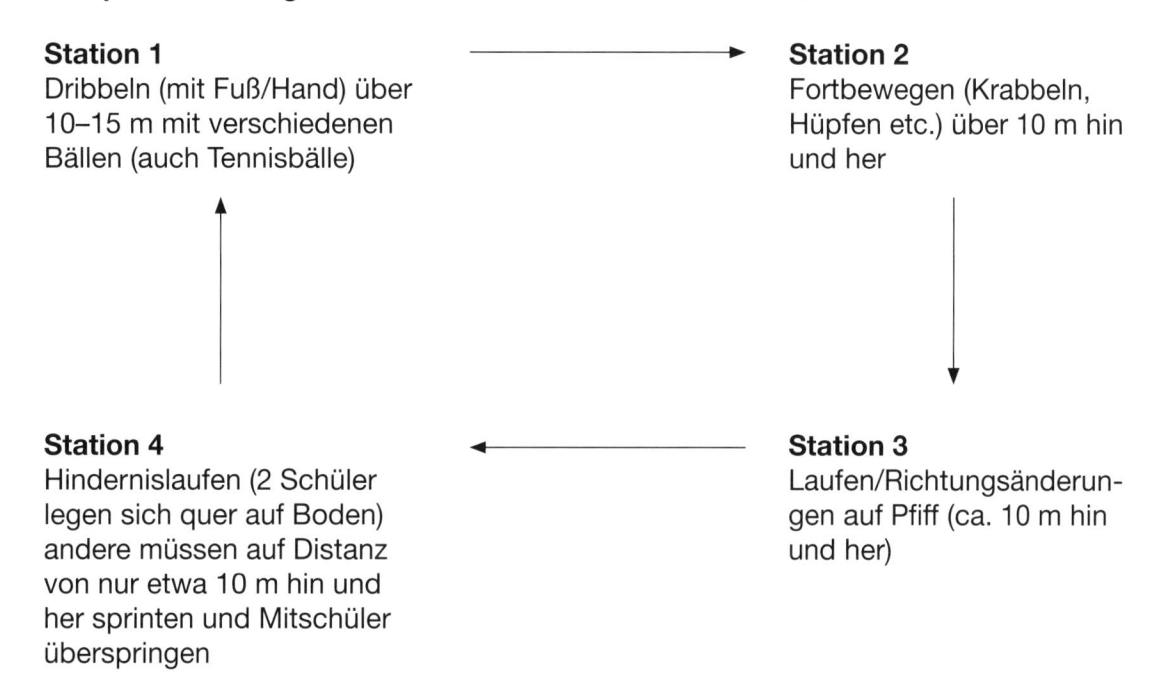

Station 1
Dribbeln (mit Fuß/Hand) über 10–15 m mit verschiedenen Bällen (auch Tennisbälle)

→

Station 2
Fortbewegen (Krabbeln, Hüpfen etc.) über 10 m hin und her

↓

Station 3
Laufen/Richtungsänderungen auf Pfiff (ca. 10 m hin und her)

←

Station 4
Hindernislaufen (2 Schüler legen sich quer auf Boden) andere müssen auf Distanz von nur etwa 10 m hin und her sprinten und Mitschüler überspringen

BB

Übungen

Änderung der Fortbewegungsart (ca. 2-3 min.): einer der Gruppe pfeift; in einer bestimmten Weise z. B. Krabbeln sich fortbewegen (10–20 sec); jeweils auf Pfiff zur vorher festgelegte Fortbewegungsart (Kriechen/Krabbeln/auf allen Vieren etc.) übergehen
Geschicklichkeit Balancierübungen (ca. 2–4 min.): über Bänke, umgedrehte Bänke, evtl. auch Barrenholmen gehen, darauf kurz verharren etc., versuchen, auf Medizinbällen kurz zu stehen (Partner unterstützt), evtl. auch noch Ball oder Stab mit in Handfläche balancieren
Linienhüpfen/Zielhüpfen (ca. 2–4 min.): Schüler hüpfen ein- oder zweibeinig durch Kastenmittelteile, zu Kreisen gelegte Seile oder einbeinig auf Linien in Halle (immer Linie treffen)
Kreativübungen (ca. 2–4 min.): Schüler versuchen, z. B. im Stehen mit einem Bein Zahlen, Buchstaben, Wörter etc. in die Luft zu schreiben

Kombination Koordination + Ausdauer - Kombinationstraining
Kombination (ca. 20–25 min.): 4 Übungen in Stationsform anordnen, dann 1–2 Mal alle Stationen durchlaufen, anschließend Pause: 1 Durchgang = 4 Übungen; Bsp.: 3 x (1 Durchgang–4–5 min. Pause) siehe **BB** für Stationsordnung

OR

Allgemeine Kraft (auf Sportplatz)

Konditionstraining

UM deduktiv

SO Ganzheitsmethode

KK Übungsauswahl

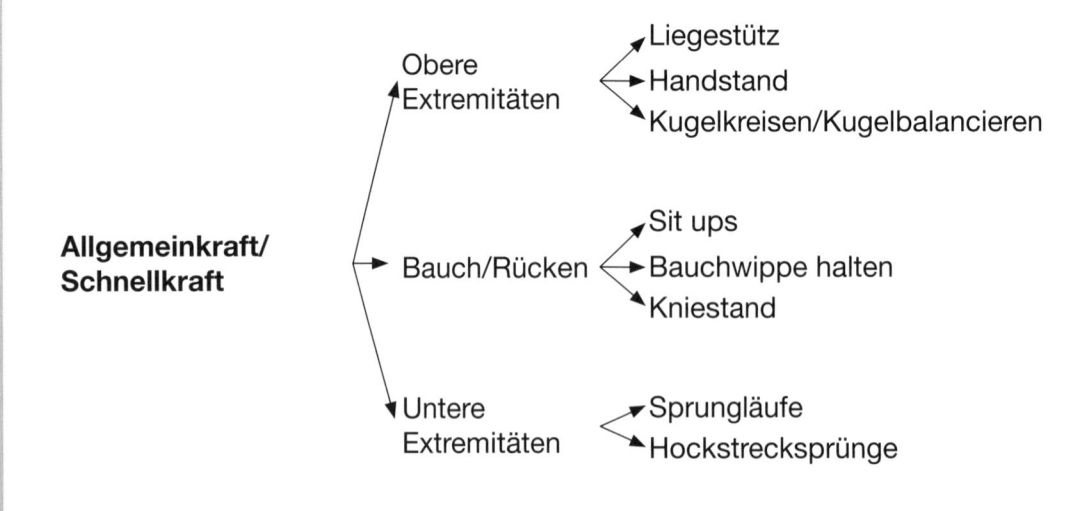

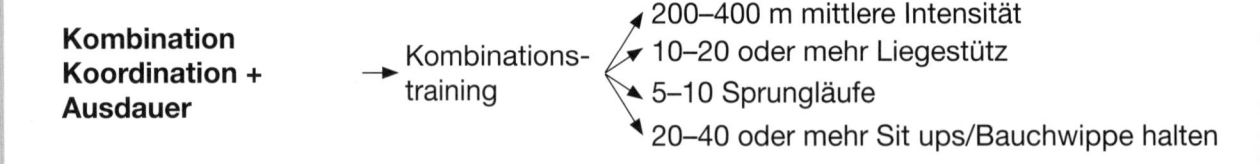

Allgemeinkraft/Schnellkraft
- Obere Extremitäten
  - Liegestütz
  - Handstand
  - Kugelkreisen/Kugelbalancieren
- Bauch/Rücken
  - Sit ups
  - Bauchwippe halten
  - Kniestand
- Untere Extremitäten
  - Sprungläufe
  - Hockstrecksprünge

Kombination Koordination + Ausdauer → Kombinationstraining
- 200–400 m mittlere Intensität
- 10–20 oder mehr Liegestütz
- 5–10 Sprungläufe
- 20–40 oder mehr Sit ups/Bauchwippe halten

Anmerkung: (Wiederholungen je nach individueller Leistungsfähigkeit)

MH Vormachen (evtl. auch durch guten Schüler), Erklärungen, Hütchen, Kugeln (3–6 kg), Bandmaß

DM Bildung von gleichstarken Gruppen

OR Übungen (gilt auch für unten)

Zeit: siehe unten
Ort: Sportplatz
Ausführung: Gruppen zu je 4–8 Schüler, gelegentlich auch Partnerarbeit

Allgemeinkraft – Obere Extremitäten
<u>Liegestütz (ca. 2 x 5–20 Wdh., hängt von Klassenstufe ab):</u>
kleine Kreise bilden, Liegestütz gemäß Vorschlag **langsam** ausführen, Pause etwa 1–2 min., nächster Durchgang
<u>Handstand (ca. 5-6 Handstände hintereinander):</u> Partner hilft in Handstand, hilft 3–5 sec zu stehen, Wechsel

Konditionstraining

Kniestand Hockstrecksprung Kombinationstraining BB

1 200/400 m auf Rundbahn

2 10 Liegestütz

3 2–5 Mal 5–10 Sprungläufe

4 20 Sit ups/Bauchwippe

1 x 4 Übungen ohne Pause
dann 5–7 min Pause

nächster Durchgang

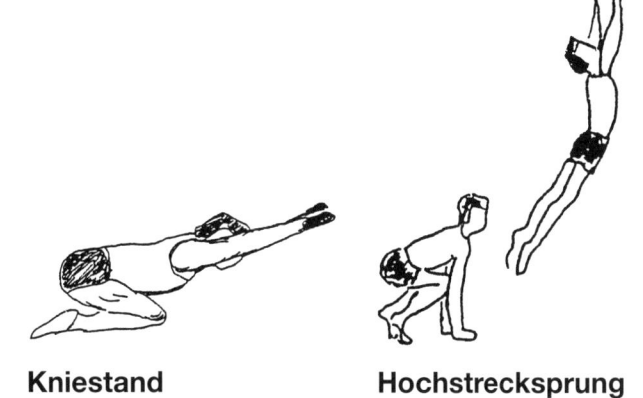

Kniestand   **Hochstrecksprung**

Übungen OR

Kugelkreisen-/balancieren (ca. 1–2 min.): Im Stehen, später im Sitzen Kugeln um Körper kreisen (3 Kreise rechts, 3 links herum), zwischen Stehen und Sitzen kurze Pause – Arme ausschütteln

Allgemeinkraft – Bauch/Rücken
Sit ups (2 x 10-30): kleine Kreise bilden, Übung ausführen, zwischen den Durchgängen etwa 1 min. Pause
Bauchwippe halten (2 x 10 –30 sec): kleine Kreise bilden, Übung ausführen (langsam die Sekunden zählen), ca. 30 sec Pause, nächster Durchgang *Kniestand (ca. 10-30 sec halten):* kleine Kreise bilden, Übung ausführen siehe **BB**, ca. 30 sec Pause zwischen Durchgängen

Allgemeinkraft – Untere Extremitäten
Sprungläufe (2 x 10-15): 4 Schüler in Linie auf Bahn oder Sportplatz aus Stand 10–15 weite Sprünge nacheinander ausführen, dann die nächsten 4 Schüler, andere machen kurze Gehpause zurück, evtl. auch einmal als Vergleichsbasis die Weite messen (Bandmaß)
Hockstrecksprünge (2 x 10): kleine Kreise bilden (aber genügend Platz zu Nebenmann); Übung (siehe **BB**) durchführen, kurze Pause nach 10 Wiederholungen
Weitere mögliche Übungen im Rahmen der jeweils gegebenen Bedingungen bzw. als Alternativmöglichkeiten:
Treppenlaufen-/springen beid-, einbeinig; Liegestütz auf halber Höhe ausharren, Liegestütz einarmig Weitwürfe mit Fußbällen (Torwartab-/Einwürfe), Kugeln balancieren Einbeinsprünge, Froschsprünge ... etc. Kombination Kraft + Ausdauer-Kombinationstraining
Kombination (ca. 20 – 25 min.): 4 Übungen durchführen (ohne Pause); 200 m oder 400 m sowie Zeit je nach Klassenstufe (entscheidet Lehrer); Vorschlag: 1 Durchgang (Serie) = 4 Übungen 2- 4 Mal 1 Durchgang–nach jedem Durchgang (Serie) = 5–7 min. Pause
siehe **BB**

Allgemeine Kraft (in Halle)

Konditionstraining

UM deduktiv

SO Ganzheitsmethode

KK Übungsauswahl

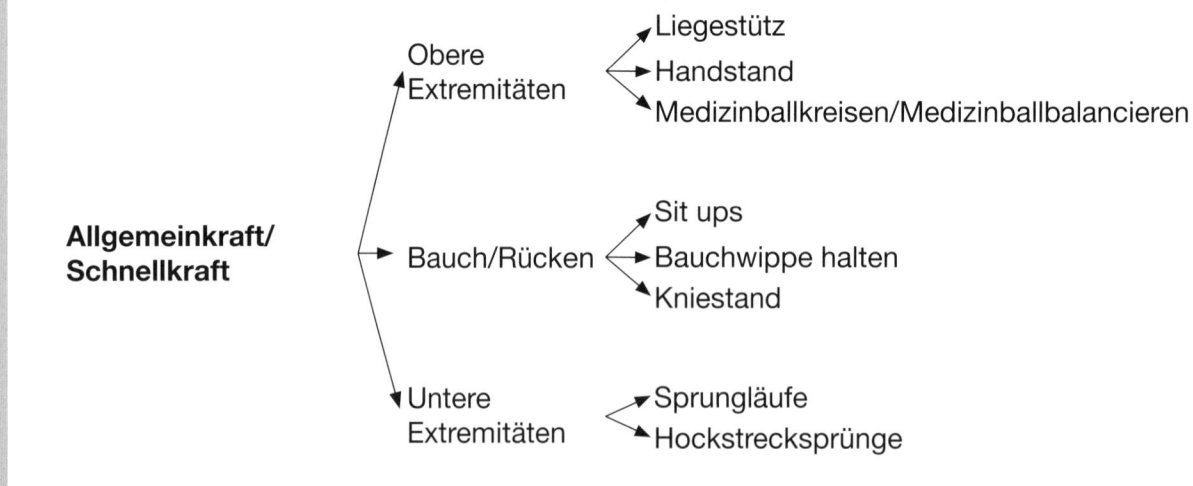

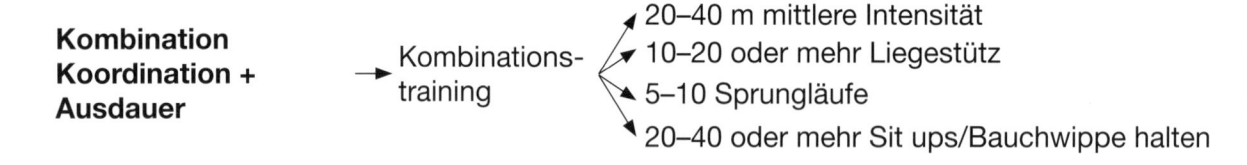

Allgemeinkraft/Schnellkraft

- Obere Extremitäten
  - Liegestütz
  - Handstand
  - Medizinballkreisen/Medizinballbalancieren
- Bauch/Rücken
  - Sit ups
  - Bauchwippe halten
  - Kniestand
- Untere Extremitäten
  - Sprungläufe
  - Hockstrecksprünge

Kombination Koordination + Ausdauer → Kombinationstraining
- 20–40 m mittlere Intensität
- 10–20 oder mehr Liegestütz
- 5–10 Sprungläufe
- 20–40 oder mehr Sit ups/Bauchwippe halten

Anmerkung: (Wiederholungen je nach individueller Leistungsfähigkeit)

MH Vormachen (evtl. auch durch guten Schüler), Erklärungen, Magnesia, Hütchen, diverse Bälle, Medizinbälle, Kästen (auch kleine)

DM Bildung von gleichstarken Gruppen

OR **Übungen (gilt auch für unten)**

Zeit: siehe unten
Ort: Halle
Ausführung: Gruppen zu je 4–8 Schüler, gelegentlich auch Partnerarbeit

Allgemeinkraft – Obere Extremitäten
Liegestütz (ca. 2 x 5–20 Wdh., hängt von Klassenstufe ab):
kleine Kreise bilden, Liegestütz gemäß Vorschlag **langsam** ausführen, Pause etwa 1–2 min., nächster Durchgang evtl. Liegestütz auch von Kastenoberteil (Beine auf Kasten) machen.

Konditionstraining

Kniestand Hockstrecksprung Kombinationstraining

BB

1 1 Runde in Halle

2 10-xy Liegestütz

3 2–5 Mal 5–10 Sprungläufe

4 20-xy Sit ups/Bauchwippe

1 x 4 Übungen ohne Pause
dann 5–7 min Pause

nächster Durchgang

Kniestand   Hochstrecksprung

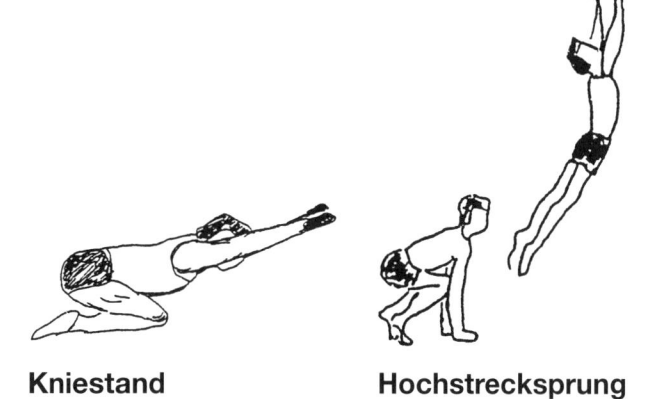

Übungen

OR

Handstand (ca. 5–6 Handstände hintereinander): Partner hilft in Handstand, hilft 3–5 sec zu stehen, Wechsel, Handstand auch an Wand möglich (trotzdem evtl. mit Partnerhilfe), evtl. statt 3–5 sec stehen in Arme einknicken und wieder hoch (Handstandliegestütz)
Medizinballkreisen-/balancieren (ca. 1–2 min.): Im Stehen, später im Sitzen Medizinbälle um Körper kreisen (3 Kreise rechts, 3 links herum), zwischen Stehen und Sitzen kurze Pause, Arme ausschütteln, Medizinbälle mit ausgestrecktem Arm balancieren

Allgemeinkraft – Bauch/Rücken
Sit ups (2 x 10-30): kleine Kreise bilden, Übung ausführen, zwischen den Durchgängen etwa 1 min. Pause
Bauchwippe halten (2 x 10 –30 sec): kleine Kreise bilden, Übung ausführen (langsam die Sekunden zählen), ca. 30 sec Pause, nächster Durchgang; nicht in übermäßiges Hohlkreuz kommen!
Kniestand (ca. 10-30 sec halten): kleine Kreise bilden, Übung ausführen siehe **BB**, ca. 30 sec Pause zwischen Durchgängen

Allgemeinkraft – Untere Extremitäten
Sprungläufe (2 x 10–15): 4 Schüler hintereinander auf Mattenbahn aus Stand 10–15 weite Sprünge nacheinander ausführen, dann die nächsten 4 Schüler, andere machen kurze Gehpause zurück, evtl. auch einmal als Vergleichsbasis die Weite messen (Bandmaß).
Hockstrecksprünge (2 x 10): kleine Kreise bilden (aber genügend Platz zu Nebenmann); Übung (siehe **BB**) durchführen, kurze Pause nach 10 Wiederholungen, als Maß Hallenwand/Vorhang für Höhe!

Kombination Kraft + Ausdauer-Kombinationstraining
Kombination (ca. 20–25 min.): 4 Übungen durchführen (ohne Pause), 20 m oder 40 m sowie Zeit je nach Klassenstufe (entscheidet Lehrer); Vorschlag: 1 Durchgang (Serie) = 4 Übungen 2- 4 Mal 1 Durchgang–nach jedem Durchgang (Serie) = 5–7 min. Pause siehe **BB**

Allgemeine Schnelligkeit (auf Sportplatz)   Konditionstraining

UM deduktiv

SO Ganzheitsmethode

KK Übungsauswahl

Schnelligkeit
- Reaktions-/Aktionsschnelligkeit
  - Startübungen
  - Laufrichtungsänderungen
  - verschiedene Spiele
- Schnelligkeitsausdauer
  - Steigerungsläufe
  - Weitsprunganläufe
  - Tempowechselläufe
  - Overloadläufe

Kombination Koordination + Ausdauer → Kombinationstraining → Fahrtspiel

MH Vormachen (evtl. auch durch guten Schüler), Zeichnungen, Erklärungen

DM wenn möglich gleichstarke Gruppen (z. B. bei Overloadläufen)

OR **Übungen (gilt auch für unten)**

Zeit: siehe unten
Ort: Sportplatz, Durchwechseln der Starter
Ausführung: Gruppen zu je 4–8 Schüler, gelegentlich auch Partnerarbeit

Schnelligkeit – Reaktions-/Aktionsschnelligkeit

<u>Startübungen (ca. 5–8 Starts):</u> 4 Schüler in Linie nebeneinander aufstellen (Bahn oder Sportplatz), 1 Schüler der Gruppe gibt in unregelmäßigen Abständen ein „Hopp", darauf Start, 5–10 m Sprint (unregelmäßig = nicht „Auf die Plätze", sondern ohne Vorankündigung einfach „Hopp"!)

Konditionstraining

Fahrtspiel – Schwerpunkt Schnelligkeitsausdauer; Fahrtspiel nur deswegen, um Motivation zu erhöhen, eigentlich für Schnelligkeit nicht geeignet! Gruppen mit je 4–8 Schüler, die im Abstand von 100 m starten!

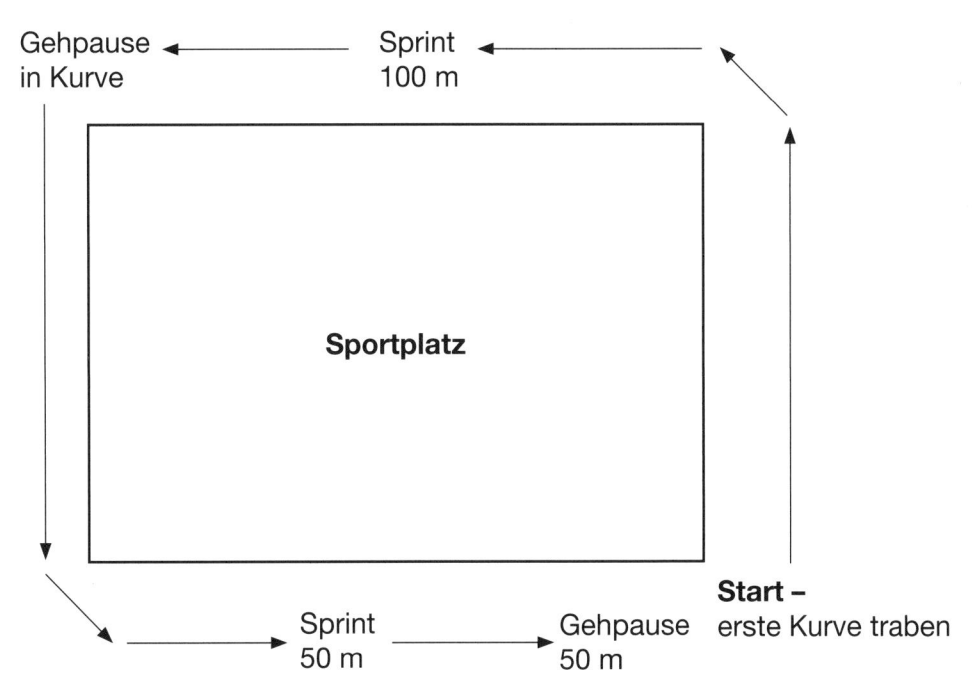

BB

Gehpause in Kurve ← Sprint 100 m ←

Sportplatz

Sprint 50 m → Gehpause 50 m → **Start** – erste Kurve traben

Übungen

OR

Laufrichtungsänderungen (ca. 2–3 min.): Gruppe läuft geschlossen nebeneinander, auf Pfiff vorher festgelegte Richtungsänderung einschlagen (z. B. 90° rechts, 180°)
verschiedene Spiele mit Auswahlreaktionen (4–5 min.): 1 Hälfte der Gruppe ist bspw. A, andere ist B; auf begrenztem Raum (z. B. etwa 10 x 10 m) müssen auf Kommando A alle A B verfolgen, kommt Kommando B verfolgt B A; oder diverse Startübungen mit Auswahlreaktionen: Gruppe legt sich auf Rücken/Bauch etc., schreit der Starter z. B. ein nicht europäisches Land, startet Gruppe, ansonsten bleibt sie in Startstellung etc., auch andere fächerübergreifende Maßnahmen erwünscht (Schüler sollen sich hierzu etwas überlegen), Kommandos auch durch kranke Schüler

Schnelligkeit – Schnelligkeitsausdauer

Steigerungsläufe/Weitsprunganläufe (ca. 4–6 min.): auf Bahn oder Weitsprunganlage mehrere bezüglich der Geschwindigkeit steigende Anläufe machen (Anlauflänge evtl. nach und nach steigern); die letzten Meter sollten Maximalgeschwindigkeit sein!
Tempowechselläufe/Linienläufe (ca. 4–6 min.): auf Bahn oder entlang der Sportplatzlinien abwechselnd Trab und Sprint z. B. Seitenlinien Trab, Grundlinien Sprint; vorher klären! (kann auch hintereinander gelaufen werden)
Overloadläufe (2–4 x z. B. 110–120 m oder 410–420 m): auf Bahn in Linie Sprint über vorgegebene Distanz (z. B. etwas mehr als eigentliche Wettkampfstrecke–Durchhaltevermögen!) zwischen den Läufen Rückgehpause bis maximal 4–5 min.
Intervallläufe (ca. 2–4 x z. B. 200 oder 400 m): in 4er oder 8er Linien entsprechende Distanz laufen (Zeit 200 m etwa 30–50 sec, 400 m 85–125 sec je nach Klassenstufe); Pause etwa 5–7 min. zwischen einzelnen Läufen

Kombination Schnelligkeit + Ausdauer Kombinationstraining

Fahrtspiel: siehe **BB**; 2 x 1 Durchgang (1 Durchgang = 400 m); 5–7 min. Pause; Vorschlag: 3 x (2x1 Durchg.) mit entsprechenden Pausen (kann Lehrer festlegen)!

Allgemeine Schnelligkeit (in Halle)

Konditionstraining

UM deduktiv

SO Ganzheitsmethode

KK Übungsauswahl

```
                    Reaktions-/         → Startübungen
                  ↗ Aktions-            → Laufrichtungsänderungen
                    schnelligkeit       ↘ verschiedene Spiele
   Schnelligkeit
                                        ↗ Steigerungsläufe
                    Schnelligkeits-     ↗ Weitsprunganläufe
                  ↘ ausdauer            → Linienläufe
                                        ↘ Tempowechselläufe
```

Kombination
Koordination +   → Kombinations-   → Fahrtspiel
Ausdauer   training

MH Vormachen (evtl. auch durch guten Schüler), Zeichnungen, Hütchen, Gummilappen zur Kennzeichnung auf Boden

DM keine erforderlich

OR **Übungen (gilt auch für unten)**

    Zeit: siehe unten
    Ort: wenn möglich ganze Halle, Durchwechseln der Starter
    Ausführung: Gruppen zu je 4–8 Schüler, gelegentlich auch Partnerarbeit
    Schnelligkeit – Reaktions-/Aktionsschnelligkeit
    Startübungen (ca. 5-8 Starts): 4 Schüler in Linie nebeneinander aufstellen; 1 Schüler der Gruppe gibt in unregelmäßigen Abständen ein „Hopp", darauf Start 5–10 m Sprint (unregelmäßig = nicht „Auf die Plätze", sondern ohne Vorankündigung einfach „Hopp"); falls nur 1 Hallendrittel vorhanden, so anordnen, dass 5–10 m Sprint möglich sind.

Konditionstraining

Fahrtspiel –Schwerpunkt Schnelligkeitsausdauer; Fahrtspiel nur deswegen, um Motivation zu erhöhen, eigentlich für Schnelligkeit nicht geeignet! Gruppen so nacheinander starten, dass keine Behinderungen entstehen. Wäre gut wenn komplette Halle zur Verfügung steht, ansonsten entsprechend für Hallendrittel – Distanzen verringern!

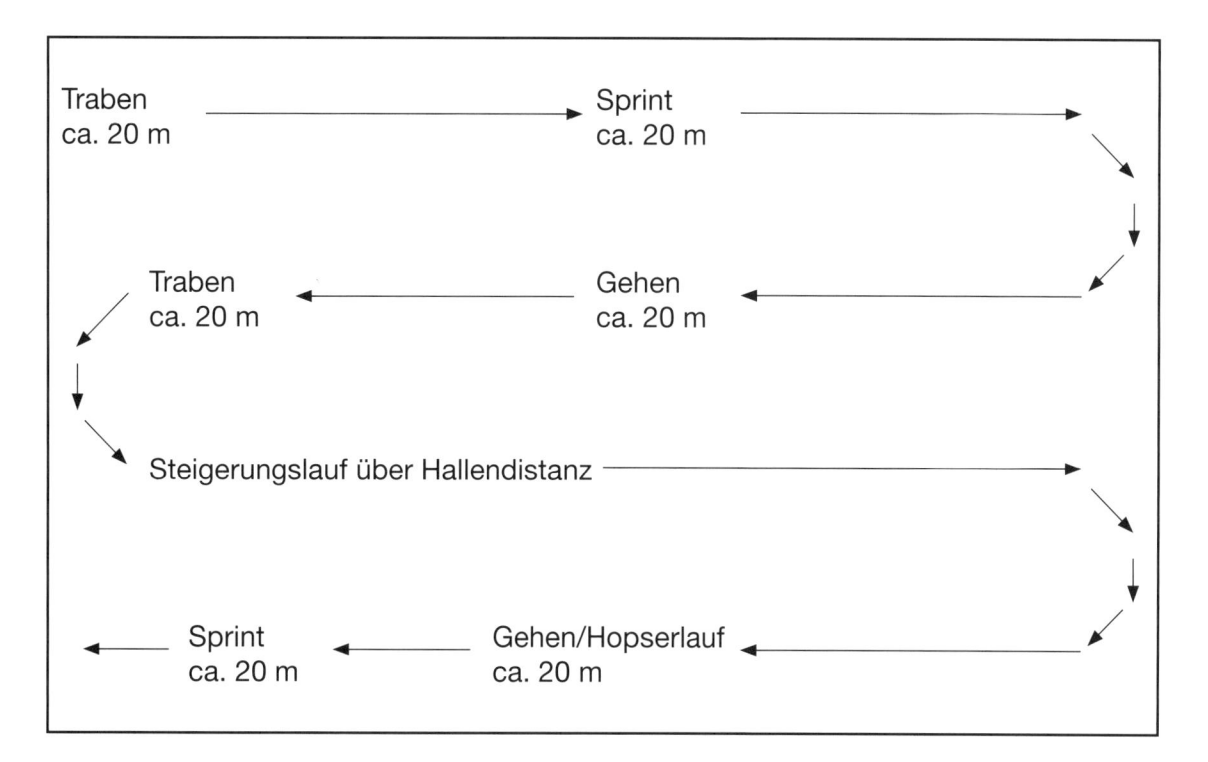

BB

```
Traben ca. 20 m  ──────────▶  Sprint ca. 20 m  ──────────▶
                                                          │
                                                          ▼
Traben ca. 20 m  ◀──────────  Gehen ca. 20 m  ◀──────────
       │
       ▼
Steigerungslauf über Hallendistanz  ──────────────────────▶
                                                          │
                                                          ▼
◀── Sprint ca. 20 m  ◀──  Gehen/Hopserlauf ca. 20 m  ◀───
```

Übungen

OR

Laufrichtungsänderungen (ca. 2–3 min.): Gruppe läuft geschlossen nebeneinander, auf Pfiff vorher festgelegte Richtungsänderung einschlagen (z. B. 90° rechts, 180°)
verschiedene Spiele mit Auswahlreaktionen (4–5 min.): 1 Hälfte der Gruppe ist bspw. A, andere ist B; auf begrenztem Raum – z. B. etwa 5 x 5 m – muss auf Kommando A alle A B verfolgen, kommt Kommando B verfolgt B A; oder diverse Startübungen mit Auswahlreaktionen: Gruppe legt sich auf Rücken/Bauch etc., schreit der Starter z. B. ein nicht europäisches Land, startet Gruppe, ansonsten bleibt sie in Startstellung etc., auch andere fächerübergreifende Maßnahmen erwünscht (Schüler sollen sich hierzu etwas überlegen), Kommandos auch durch kranke Schüler.

Schnelligkeit – Schnelligkeitsausdauer

Steigerungsläufe/Weitsprunganläufe (ca. 4-6 min.): mehrere bezüglich der Geschwindigkeit steigernde Anläufe machen (Anlauflänge evtl. nach und nach steigern, sofern in Halle möglich); die letzten Meter sollten Maximalgeschwindigkeit sein!
Tempowechselläufe/Linienläufe (ca. 4-6 min.): entlang der Hallenlinien abwechselnd Trab und Sprint z. B., bei Halldrittel z. B. längere Seite Sprint, Querseite Trab (hintereinander laufen möglich)

Kombination Schnelligkeit + Ausdauer Kombinationstraining

Fahrtspiel: siehe **BB**, 2x 1 Durchgang (1 Durchgang = siehe **BB** = je 2 Bahnen hin und her); 5–7 min. Pause
Vorschlag: 3x 2 Durchgänge mit entsprechenden Pausen

6.1.2 Circuittraining

Circuittraining (auf Sportplatz)

Konditionstraining

UM	deduktiv
SO	Ganzheitsmethode
KK	Übungsauswahl

- **Sprungkraft**
  - Sprungläufe
  - Hocksprünge (Stand)
  - Frosch-Hocksprünge (Schlusssprünge)

- **Armkraft/Brustkraft**
  - Liegestütz
  - Liegestütz (rückwärts)
  - Krabbeln auf allen Vieren

- **Beinschnelligkeit** → Kurzsprints

- **Bauchmuskel** → Sit ups

- **Brustmuskel** → breite Liegestütz

MH Vormachen (evtl. auch durch guten Schüler), Hütchen, Linien ziehen auf 400 m Bahn zur Festlegung von Strecken zur besseren Kontrolle bei Leistungsfeststellung im Circuittraining, Bandmaß

DM keine erforderlich

OR **Übungen (gilt auch für unten)**
Zeit: keine Zeitangabe
Ort: Sportplatz
Ausführung: Gruppen zu je 4–8 Schüler; Partnerarbeit; immer 2–4 Schüler pro Station, kommt auf Klassengröße an, ansonsten auch an eins/zwei Stationen mehr Schüler, bei ungeraden Schülerzahlen muss ein Schüler immer die Wiederholungen zählen, Lehrer gibt per Pfiff/Kommando Anfang und Ende der Übungsphase an;
ansonsten siehe **BB** (Anordnungsvorschlag für einen Circuitrundgang)

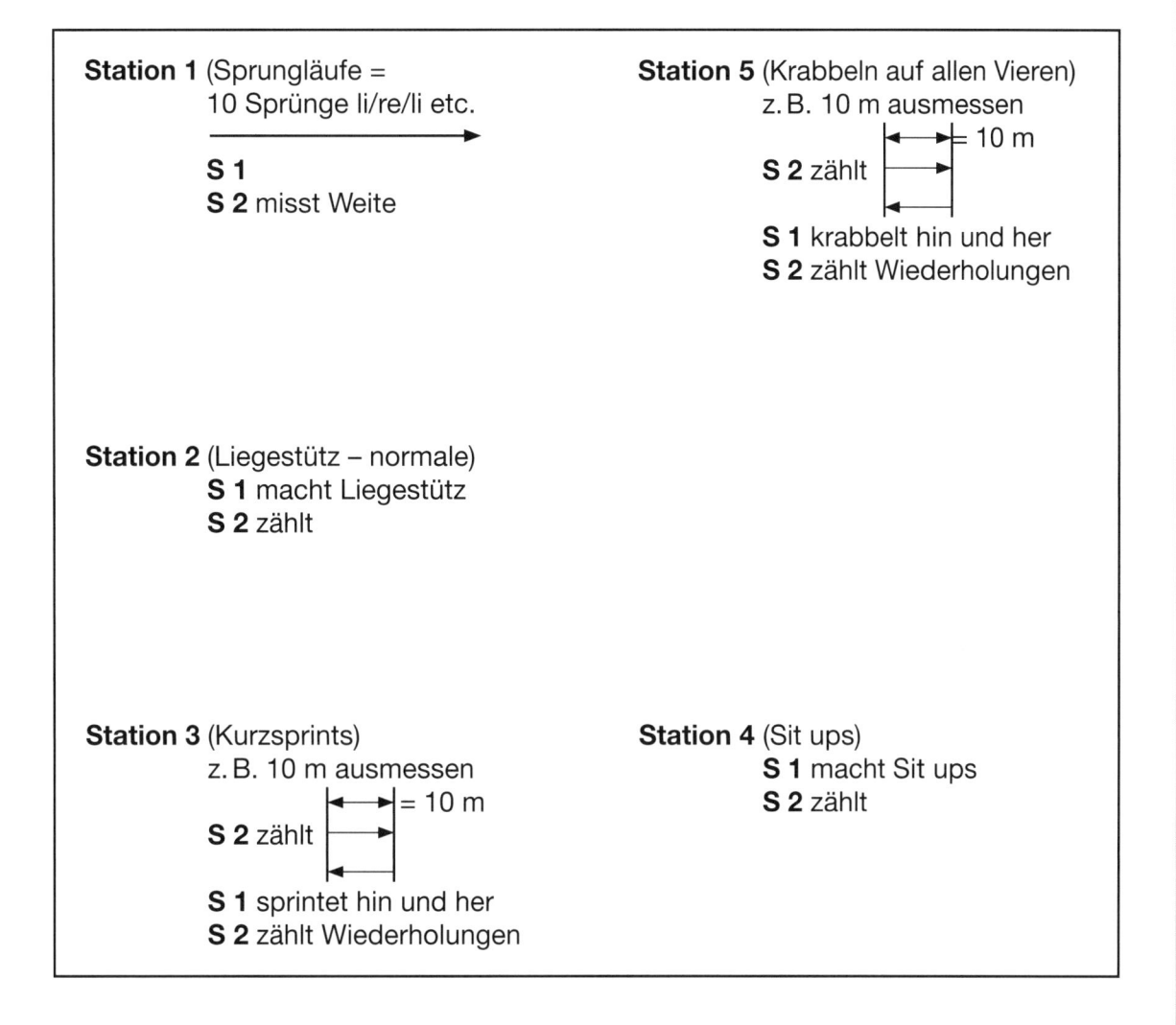

Konditionstraining

Sportplatz BB

Station 1 (Sprungläufe =
10 Sprünge li/re/li etc.
→
S 1
S 2 misst Weite

Station 5 (Krabbeln auf allen Vieren)
z. B. 10 m ausmessen
|← →| = 10 m
S 2 zählt
S 1 krabbelt hin und her
S 2 zählt Wiederholungen

Station 2 (Liegestütz – normale)
S 1 macht Liegestütz
S 2 zählt

Station 3 (Kurzsprints)
z. B. 10 m ausmessen
|← →| = 10 m
S 2 zählt
S 1 sprintet hin und her
S 2 zählt Wiederholungen

Station 4 (Sit ups)
S 1 macht Sit ups
S 2 zählt

Anmerkungen: Station 1 nicht nach Zeit, sondern nach Weite! 1 Schüler übt während der 30 sec, der andere zählt bzw. misst; danach Pause – etwa 30-45 sec, Wechsel, der Schüler, der geübt hat, misst bzw. zählt jetzt; falls Schülerzahl nicht immer aufgeht, kann verletzter Schüler, der nicht am Sportunterricht teilnimmt, messen, zählen etc. Ergebnisse werden von Schülern aufgeschrieben.
Mehr oder weniger Stationen sind möglich (Minimum 4, Maximum 8).

Wichtig: Wenn mehrere Klassen auf dem Sportplatz sind, muss man sich bezüglich des benötigten Raumes absprechen – kann alles auch z. B. auf 400 m Bahn durchgeführt werden.

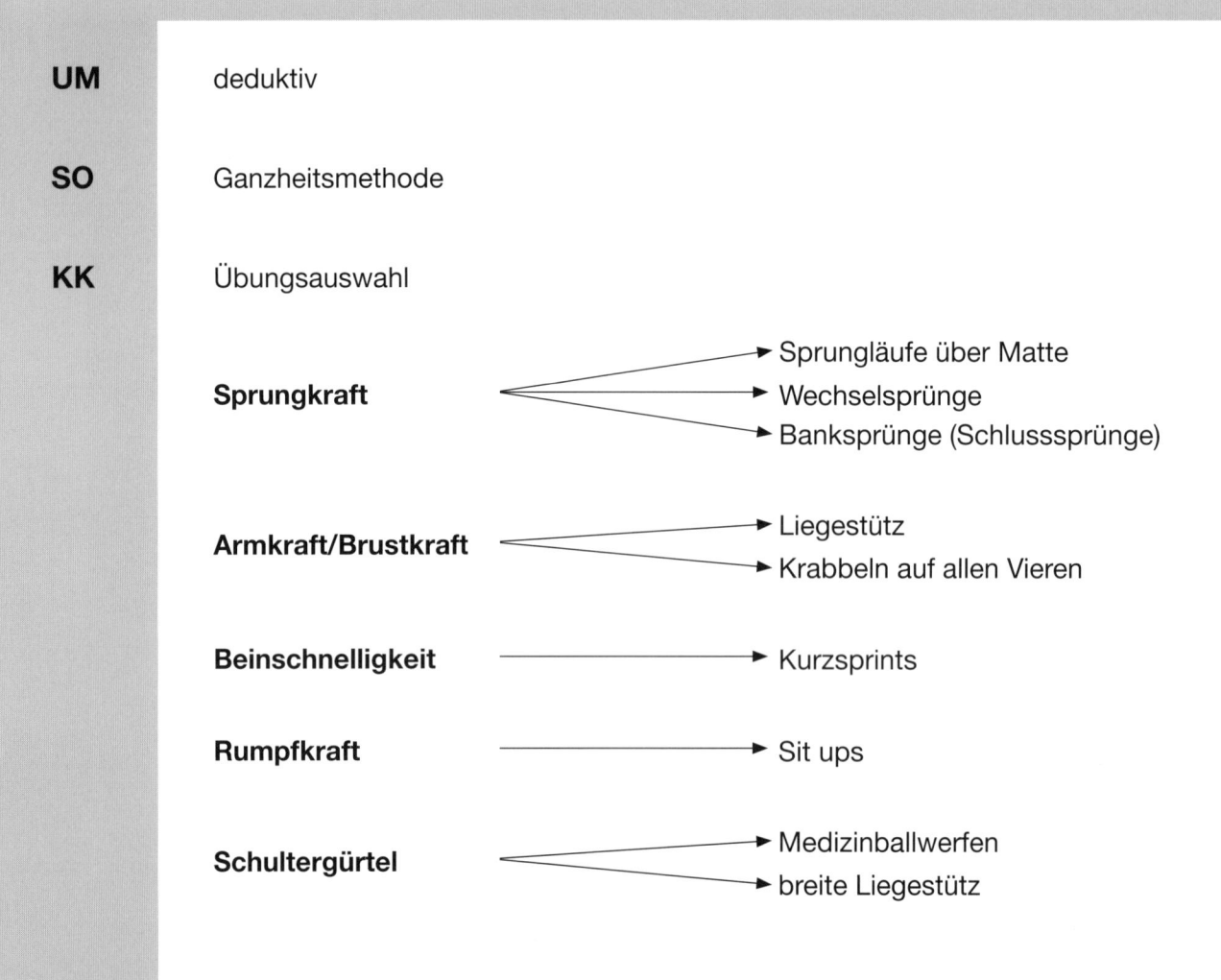

Circuittraining (in Halle)

Konditionstraining

UM deduktiv

SO Ganzheitsmethode

KK Übungsauswahl

- **Sprungkraft**
  - Sprungläufe über Matte
  - Wechselsprünge
  - Banksprünge (Schlusssprünge)

- **Armkraft/Brustkraft**
  - Liegestütz
  - Krabbeln auf allen Vieren

- **Beinschnelligkeit** → Kurzsprints

- **Rumpfkraft** → Sit ups

- **Schultergürtel**
  - Medizinballwerfen
  - breite Liegestütz

MH Vormachen (evtl. auch durch guten Schüler), Zeichnungen, Erklärungen, Hütchen, Kästen, Reckstangen, Turnmatten, Musik, die Schüler selbst zusammenstellen (Motivation), CD-Spieler, den Schüler mitbringen, Turnbänke, Bandmaß

DM keine erforderlich

OR **Übungen (gilt auch für unten)**

Zeit: keine Zeitangabe
Ort: Halle
Ausführung: Gruppen zu je 4–8 Schülern; Partnerarbeit; immer 2–4 Schüler pro Station, bei größeren Klassen auch an ein/zwei Stationen mehr Schüler, bei ungeraden Zahlen muss ein Schüler immer die Wiederholungen zählen, Lehrer gibt per Pfiff/Kommando Anfang und Ende der Übungsphase an. Ansonsten siehe **BB** (Anordnungsvorschlag für einen Circuitrundgang)

Konditionstraining

BB

Hallendrittel   Wand

Station 1
Sprungläufe auf Mattenbahn   Abstand 2–4 m

S 1
S 2 misst   **Station 5**
                                 Medizinballwerfen gegen Wand
                                 im Sitzen
                                 (Ausführung wie Einwurf bei Fußball)
etc.   S 1 wirft
                                 S 2 zählt

Station 2
Liegestütz
S 1 übt S 2 zählt

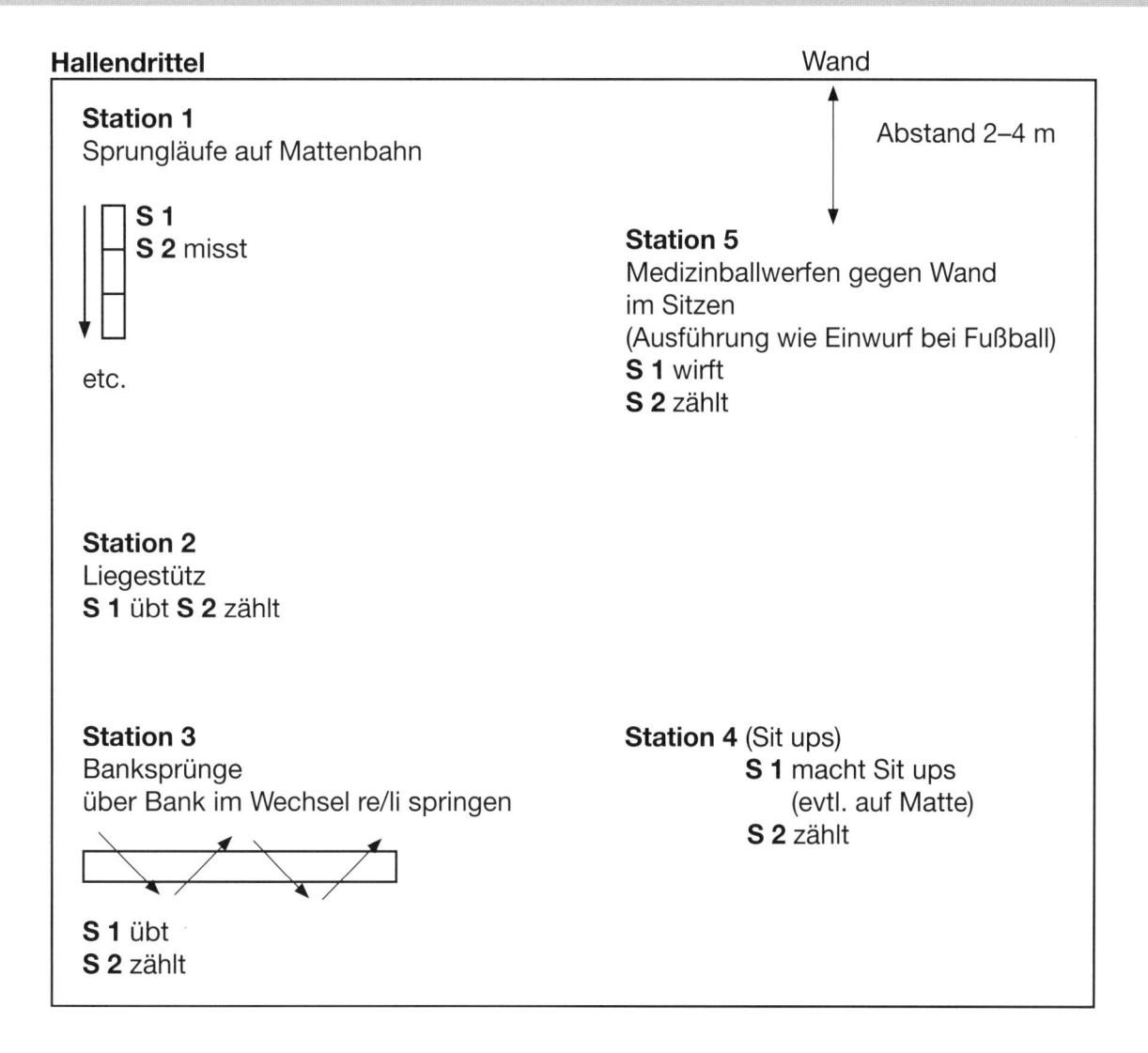

Station 3   **Station 4** (Sit ups)
Banksprünge   S 1 macht Sit ups
über Bank im Wechsel re/li springen   (evtl. auf Matte)
                                         S 2 zählt

S 1 übt
S 2 zählt

Anmerkungen: Liegestütz können auch von einer Erhöhung ausgeführt werden (Beine auf Bank)
Station 1 nicht nach Zeit, sondern nach Weite!
1 Schüler übt während der 30 sec, der andere zählt bzw. misst!
Danach Pause – etwa 30-45 sec, Wechsel, der Schüler, der geübt hat, misst bzw. zählt jetzt
Falls die Schülerzahl nicht aufgeht, kann ein verletzter Schüler, der nicht am Sportunterricht teilnimmt, messen, zählen etc.
Ergebnisse werden von Schülern aufgeschrieben.
Mehr/weniger Stationen möglich (Minimum 4, Maximum 8).

Wichtig: Wenn nur eine Klasse in der Halle ist, kann z. B. bei Übungen wie Kurzsprints oder Krabbeln auf allen Vieren größere Distanz gewählt werden.

7 Literatur

ADL-AMINI, B.: Medien und Methoden des Unterrichts. Donauwörth 1994.
BECKER, C.: Die Entwicklung der Sportmethodik im Sportunterricht unter besonderer Berücksichtigung des Musikeinsatzes. Frankfurt am Main 2001.
BECKER, C.: Handbuch der Sportmethodik Band I: Ballsportarten. Augsburg 2009.
BOHUS, J.: Sportgeschichte: Gesellschaft und Sport von Mykene bis heute. München 1986.
CUBE, F. v./ALSHUTH, D.: Fordern statt Verwöhnen. München 1986.
FETZ, F.: Allgemeine Methodik der Leibesübungen. Wien 1977. 7. überarbeitete Auflage.
GRÖSSING, S.: Einführung in die Sportdidaktik. Bad Homburg 1977. 2. überarbeitete Auflage.
JAHN, F. L.: Die deutsche Turnkunst. Berlin 1816.
KROCKOW, C. Graf von: Der deutsche Niedergang. München 1998.
MECHLING, H.: Feedback beim Üben und Lernen im Unterricht und Training. Theoretische Grundlagen, empirische Ergebnisse und praktische Konsequenzen beim Erwerb von Bewegungsfertigkeiten. In: Sportunterricht 9, 1986, 333–345.
PETERSSEN, W.H.: Handbuch Unterrichtsplanung. München 1996.
RIEDER, H.: Die Notwendigkeit einer experimentellen Methodenforschung. In: Sportunterricht 12, 1970, 407-410.
RIEDER, H./FISCHER, G.: Methodik und Didaktik im Sport. München 1986.
RIEDER, H./SCHMIDT, I.: Grundlagen der Sportmethodik: In: GRUPE, O. (Hrsg.): Einführung in die Theorie der Leibeserziehung und des Sports. 1980, 267–314.
RÖHRS, H.: Sportpädagogik und Sportwirklichkeit. Bad Homburg 1982.
ROTH, K.: „Theory-into-Practice" und „Practice-into-Theory": Baupläne für den Brückenschlag zwischen Elfenbeinturm und Sportplätze. In:
DIGEL, H. (Hrsg.): Sportwissenschaft Heute: eine Gegenstandbestimmung. Darmstadt 1995, 161–176.
SALZMANN, C. G.: Der Himmel auf Erden. 1797.
SÖLL, W.: Sportunterricht Sport unterrichten. 2. unveränd. Aufl. Schorndorf 1997.
WENIGER, E.: Didaktik als Bildungstheorie, Teil 1: Theorie der Bildungsinhalte des Lehrplans. Weinheim 1960. 3.Auflage.

7.1 Spezialliteratur Gerätturnen

MEDLER; M./RÄUPKE, R.: Gerätturnen im 5./6. Schuljahr. Flensburg 1998. (kann auch noch in höheren Klassen, etwa bis 8. Klasse verwendet werden)
TENDEL, K.: Lehr- und Übungswege für das Gerätturnen. Celle 1998. (Dieses Buch ist nur noch antiquarisch lieferbar oder an den Sportinstituten der Universitäten zur Ausleihe erhältlich – aber sehr empfehlenswert!)
ZEUNER, A./HOFMANN, S./LESKE, R.: Schulmethodik Gerätturnen. Leipzig 2000.

7.2 Spezialliteratur Leichtathletik

JONATH, U. u.a.: Leichtathletik 1 Laufen. Reinbek 1995.
JONATH, U. u.a.: Leichtathletik 2 Springen. Reinbek 1995.
JONATH, U. u.a.: Leichtathletik 3 Werfen und Mehrkampf. Reinbek 1995.
ZEUNER, A./HOFMANN, S./LEHMANN, F.: Schulmethodik Leichtathletik. Leipzig 1997.

7.3 Spezialliteratur Schwimmen

GIEHRL, J./HAHN, M.: Richtig Schwimmen. München 2000.
WIELKE, K.: Schwimmsport Praxis. Aktualisierte Ausgabe Reinbek 1997.

7.4 Spezialliteratur Kondition

BOECKH-BEHRENS, W.U./BUSKIES, W.: Fitness-Krafttraining. Reinbek 2000.
JONATH, U./KREMPEL, R.: Konditionstraining. Reinbek 1994. (Dieses Buch ist nur noch antiquarisch lieferbar oder an den Sportinstituten der Universitäten zur Ausleihe erhältlich – aber sehr empfehlenswert!)

Besser mit Brigg Pädagogik!

Außergewöhnliche Unterrichtsmaterialien für Sport und andere Fächer!

Christoph Becker

Handbuch der Sportmethodik

Band 1: Ballsportarten

Übungen und Unterrichtshinweise für Basketball, Fußball, Handball und Volleyball

172 S., DIN A4, mit Kopiervorlagen

Best.-Nr. 299

Die vier Sportarten werden in **Technik** und **Taktik**, Geschichte, **Regelkunde** und Verweisen auf Spezialliteratur dargestellt. Das Handbuch konzentriert sich auf die Praxis des Sports, auf die **Vermittlung von Fertigkeiten** und Bewegungserfahrungen.

Axel Rees / Stefan Noster / Tobias Gimmi

Hip-Hop in der Schule

Coole Choreografien für Kinder und Jugendliche

DVD und Audio-CD

Teil 1	Teil 2
Best.-Nr. 340	Best.-Nr. 341

Tanz und Bewegung nach **Hip-Hop-Rhythmen** liegen voll im Trend bei Kindern und Jugendlichen – machen Sie sich diese Begeisterung für Ihren Unterricht zunutze! **Schritt für Schritt** werden Choreografien gezeigt und erklärt. Die Audiotracks sind in vier gängige Tempi eingeteilt, die auf alle aktuellen Hits angewandt werden können.

Für Profis und fachfremd unterrichtende Musik- und Sportlehrkräfte!

Gerd-Bodo von Carlsburg / Helmut Wehr

Erlebnis-Pädagogik

Theorie, Praxis und Projekt für die Schule

220 S., kart.

Best.-Nr. 524

Mit diesen **Projektvorschlägen** wird dem Schulalltag eine Alternative zum sonst üblichen Schulbetrieb geboten: an der Kletterwand, im Zirkusprojekt, bei einer Kanutour oder in der Naturbegegnung. Alle Projekte werden ausführlich beschrieben, reflektiert und mit Fotos illustriert.

Weitere Infos, Leseproben und Inhaltsverzeichnisse unter
www.brigg-paedagogik.de

Bestellcoupon

Ja, bitte senden Sie mir / uns mit Rechnung

_____ Expl. Best.-Nr. _____

_____ Expl. Best.-Nr. _____

_____ Expl. Best.-Nr. _____

_____ Expl. Best.-Nr. _____

Meine Anschrift lautet:

Name / Vorname

Straße

PLZ / Ort

E-Mail

Datum/Unterschrift   Telefon (für Rückfragen)

Bitte kopieren und einsenden/faxen an:

**Brigg Pädagogik Verlag GmbH
zu Hd. Herrn Franz-Josef Büchler
Zusamstr. 5
86165 Augsburg**

☐ Ja, bitte schicken Sie mir Ihren Gesamtkatalog zu.

Bequem bestellen per Telefon / Fax:
Tel.: 0821 / 45 54 94-17
Fax: 0821 / 45 54 94-19
Online: www.brigg-paedagogik.de

Besser mit Brigg Pädagogik!
Soziales Lernen als fächerübergreifender Erziehungsauftrag!

Ralf Dietrich/Andrea Porkristl

Genial sozial
Soziales Lernen in der Sekundarstufe

Band 1 – 5. Klasse
148 S. DIN A4
Kopiervorlagen mit Lösungen
Best.-Nr. 542

Band 2 – 6. Klasse
104 S. DIN A4
Kopiervorlagen mit Lösungen
Best.-Nr. 543

Durch soziales Lernen Schlüsselqualifikationen wie Selbst-, Sozial- und Sachkompetenz erfolgreich im Unterricht vermitteln!
Die **Stundenbilder** beider Bände sind in sich geschlossene Einheiten, die beliebig und der jeweiligen Klassensituation angepasst, ausgewählt und eingesetzt werden können.
Durch die lebensnahen Themen, die kindgerechte und spielerische Aufbereitung lernen die Schüler/-innen u. a.
- sich ein gesundes Selbstwertgefühl aufzubauen,
- sich Toleranz, Hilfsbereitschaft und Rücksichtnahme anzueignen,
- den höflichen Umgang miteinander zu pflegen und zu trainieren,
- ihre Kommunikations- und Kontaktfähigkeit auszubauen,
- Konfliktlösungsstrategien anzuwenden,
- in verschiedenen Sozialformen und mit unterschiedlichen Methoden zu arbeiten,
- demokratische Entscheidungsstrukturen zu entwickeln.

Jochen Korte

Höflich währt am längsten!
Gezielte Schulaktionen zur nachhaltigen Verbesserung der Sozialkompetenz

128 S., DIN A4
Ideen für die Praxis
Best.-Nr. 387

Gegenwirken statt gewähren lassen! Dieser Band liefert außergewöhnliche, aber höchst effektive Vorschläge für **Projekte und Schulaktionen**, um das Verhalten der Schüler/-innen zu verbessern und in gewünschter Weise zu steuern. Nach einer kurzen Einführung in das Thema machen **konkrete Stundenentwürfe** mit Schritt-für-Schritt-Anleitungen die Umsetzung von Aktionen leicht.
Mit Projektskizzen, Arbeitsmaterial, Kopiervorlagen und vier ausführlichen Praxisbeispielen!

Eva Maria Waibel

Erziehung zum Selbstwert
Persönlichkeitsförderung als zentrales pädagogisches Anliegen

276 S., kart.
Best.-Nr. 452

Eine umfassende Darstellung zur Persönlichkeitsentfaltung!
Die Tradition der Werte ist verloren gegangen, Wertepluralismus und Wertewandel werden beklagt. Die Stärkung der Persönlichkeit, die Erziehung zum Selbstwert wird deshalb in einer Zeit weitreichender Orientierungslosigkeit zu einer wichtigen gesellschaftlichen und pädagogischen Aufgabe. Dieser Band zeigt theoretische und praktische Möglichkeiten der pädagogischen Umsetzung und diskutiert die Konsequenzen für Erziehung, Unterricht und Lehrerbildung ausführlich.

Bestellcoupon

Ja, bitte senden Sie mir / uns mit Rechnung

_____ Expl. Best.-Nr. _____
_____ Expl. Best.-Nr. _____
_____ Expl. Best.-Nr. _____
_____ Expl. Best.-Nr. _____

Meine Anschrift lautet:

Name / Vorname
Straße
PLZ / Ort
E-Mail
Datum/Unterschrift   Telefon (für Rückfragen)

Bitte kopieren und einsenden/faxen an:

Brigg Pädagogik Verlag GmbH
zu Hd. Herrn Franz-Josef Büchler
Zusamstr. 5
86165 Augsburg

☐ Ja, bitte schicken Sie mir Ihren Gesamtkatalog zu.

Bequem bestellen per Telefon/Fax:
Tel.: 0821/45 54 94-17
Fax: 0821/45 54 94-19
Online: www.brigg-paedagogik.de